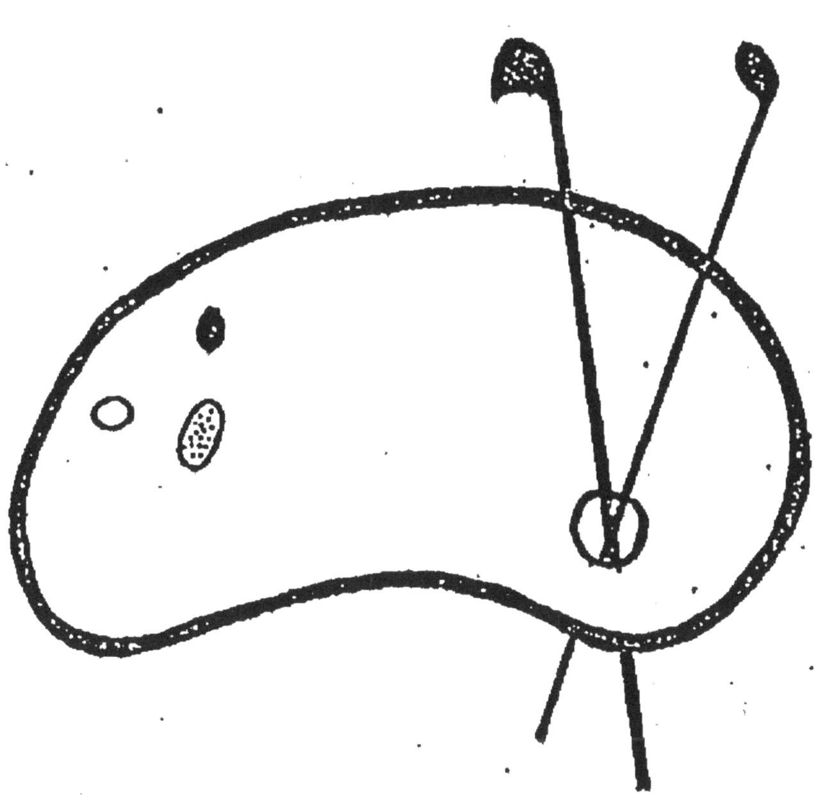

DEBUT D'UNE SERIE DE DOCUMENTS
EN COULEUR

CH. ORRIER

LES LEÇONS ÉCONOMIQUES DE LA GUERRE

Vouloir, tout est là.

PRIX : 2 FR. 50

PARIS
H. DUNOD ET E. PINAT, ÉDITEURS
47 ET 49, QUAI DES GRANDS-AUGUSTINS

1916

H. DUNOD ET E. PINAT, ÉDITEURS,
47 ET 49, QUAI DES GRANDS-AUGUSTINS, PARIS.

Agenda Dunod. Commerce, LE MERCIER. 2e édit. In-12. . 3 fr.

Notions de commerce, COUDRAY et CUXAC. In-16......... 4 fr.

Notre commerce d'exportation avant, pendant et après la guerre, LANDRY. In-4°......................... 4 fr. 50

Le style commercial, MIS. In-8°.................. 3 fr. 50

Cours progressif de sténographie (système Prévost-Delaunay). ZRYD. In-16 .... 2 fr.

Rapports de service, DARDART. In-16, avec fig............ 12 fr.

La gestion des affaires, EDOM. In-16................. 3 fr. 50

La reprise des affaires financières. *Conférence* 1915, LÉVY. In-4°.. 1 fr. 50

La publicité suggestive, GÉRIN et ESPINADEL. In-8°, avec 174 fig. et 2 pl.. 15 fr.

L'art de faire des affaires par lettre et par annonce, CODY et CHAMBONNAUD. In-16............................. 4 fr. 50

Les sociétés commerciales, BATARDON. 3e édit. In-8°...... 9 fr.

Memento des fondateurs de sociétés, BATARDON.

I. — *Sociétés en nom collectif et associations en participation.* In-8°.. 1 fr. 50

II. — *Sociétés en commandite simple et en commandite par actions.* In-8°... 2 fr. 50

III. — *Sociétés anonymes.* In-8°................................ 2 fr.

L'enregistrement des actes de sociétés, JANNIOT. In-8°. 4 fr. 50

Les trois taxes (*timbre, transmission, impôt sur le revenu*), JANNIOT. In-8°.. 4 fr. 50

Le crédit industriel et commercial, LANDRY. In-8° ...... 4 fr. 50

Cours de géographie commerciale, BERTRAND. In-16, avec 42 fig. et 1 pl.. 4 fr.

Cours de géographie industrielle, GRIGAUT. In-16, avec 31 cartes .... 4 fr. 50

Mutuelles-exportation, PATUREL. In-8° .... 4 fr. 50

La politique d'exportation des cartels allemands. *Conférence* 1915, HAUSER. In-4°............................ 1 fr. 50

Colonial-adresses, HUBERT. In-8°, avec 181 fig. et cartes... 10 fr.

La Lorraine économique. *Conférence* 1915, BUFFET. In-4°... 1 fr. 50

L'Allemagne économique. *L'industrie allemande considérée comme facteur de guerre. Conférence* 1915, HAUSER. In-4° .... 1 fr. 50

Economie politique et statistique, LORDIER. In-16 .... 10 fr.

Précis de législation usuelle et commerciale, ANGLES et DUPONT. In-16 .... 4 fr. 50

Droit commercial et législation industrielle, MARTIN. In-16... 10 fr.

Précis de législation ouvrière et industrielle, DUPIN et DESVAUX. In-16.. 3 fr. 50

TOURS. — IMPRIMERIE DESLIS FRÈRES ET Cie, 6, RUE GAMBETTA.

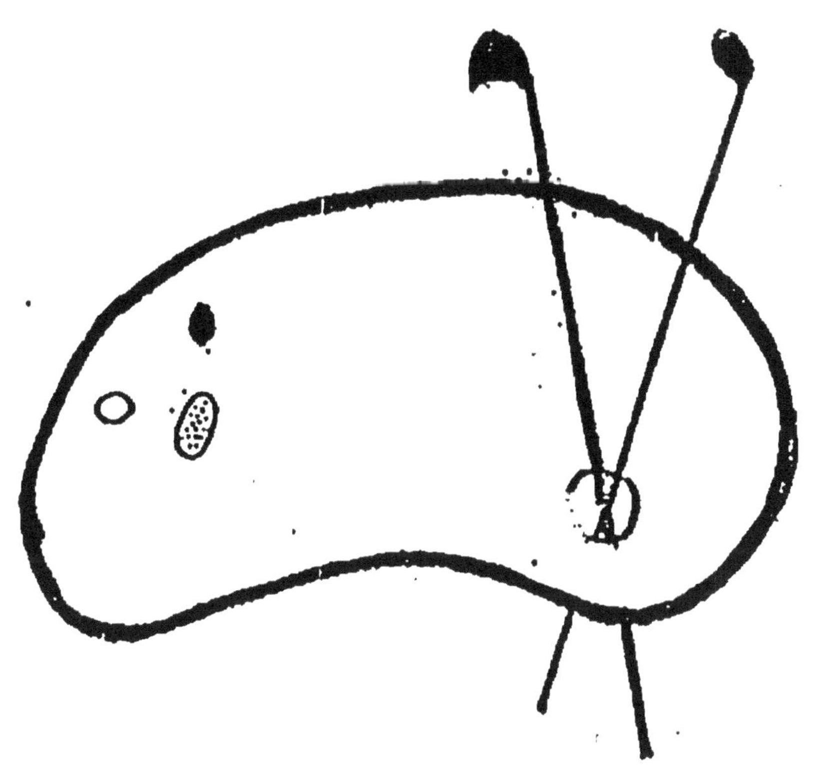

FIN D'UNE SERIE DE DOCUMENTS
EN COULEUR

LES LEÇONS ÉCONOMIQUES
DE LA GUERRE

DU MÊME AUTEUR :

Comptabilité commerciale et participation aux bénéfices
(Grand-Prix Exposition de Lyon, 1914). In-18... **2 fr. 50**
(H. DUNOD et E. PINAT, Éditeurs).

CH. ORRIER

LES LEÇONS ÉCONOMIQUES DE LA GUERRE

Vouloir, tout est là.

PARIS
H. DUNOD ET E. PINAT, ÉDITEURS
47 ET 49, QUAI DES GRANDS-AUGUSTINS

1916

PRÉFACE

Les événements qui se sont précipités en juillet 1914 ont causé une grande surprise à beaucoup de personnes ; par contre, un grand nombre d'autres, plus clairvoyantes, les attendaient ; il leur suffisait, pour cela, de rapprocher l'activité militaire et économique de l'Allemagne de l'état anormal de la France ; d'un côté, on apercevait parfaitement une unité de direction vers un but bien déterminé, alors que chez nous, le laisser aller prenait une extension désespérante ; il était aisé de sentir la chute, et il semblait que rien ne pouvait l'arrêter ; c'était bien la course à l'abîme qu'il était impossible d'enrayer.

Les débuts de la guerre ont ouvert les yeux ; après une période de stupéfaction, chacun s'est ressaisi, et il faut reconnaître qu'après un an, les mentalités se sont heureusement modifiées.

Spectateur impuissant devant la situation antérieure, j'ai pensé qu'il était maintenant possible, et utile, de remonter le courant qui avait entraîné le pays ; de rechercher et fixer les causes qui avaient amené progressivement notre état d'infériorité vis-à-vis des autres nations ; de les combattre dans leurs effets, et éviter le renouvellement des fautes commises.

Puisque nous avons dû subir cette guerre que l'Allemagne nous a imposée, il est de toute nécessité que, économiquement, la France en retire un avantage sensible ; elle ne peut le faire que si ses nationaux veulent bien comprendre que c'est leur apathie qui les a amenés à l'état de faiblesse qu'ils ont dû constater, et qu'il y a des leçons dont il faut savoir profiter.

Il faut qu'ils sachent que ce n'est que par la morale, et en vue d'un idéal toujours plus élevé, que la correction des erreurs pourra être faite ; on a trop longtemps oublié que l'homme n'a pas seulement des droits, mais qu'il a des devoirs à remplir, aussi bien vis-à-vis des autres qu'envers lui-même ; vouloir négliger les uns pour ne penser qu'aux autres constitue un véritable crime social.

C'est pour tenter cette démonstration que j'écris ce livre ; je m'efforcerai de faire ressortir, le plus simplement possible, les fautes commises, et d'indiquer les améliorations morales et matérielles qu'il est possible de prévoir ainsi que la façon pratique de les réaliser.

Si je parviens à un résultat, il sera le meilleur remerciement que je puisse adresser à ceux qui auront bien voulu me lire et me comprendre.

Je dois aussi des remerciements aux différents auteurs auxquels j'ai été amené à faire quelques emprunts ; les citations que j'ai intercalées dans mon texte ont donné plus de force à mes affirmations, qu'elles sont venues compléter.

Février 1916.

CHAPITRE PREMIER

CONSIDÉRATIONS GÉNÉRALES

La terrible guerre qui, depuis août 1914, met l'Europe en feu, et dont on ne peut encore prévoir la fin, a été pour beaucoup de Français, une foudroyante révélation de la formidable puissance d'organisation de l'empire allemand. Beaucoup d'entre eux ne voyaient pas, d'autres, malheureusement, ne voulaient pas voir, que l'Allemagne, tout en augmentant constamment sa puissance militaire, avait déjà presque conquis économiquement la France et la Belgique. Les avertissements n'avaient cependant pas manqué ; les bulletins et les rapports des Chambres de commerce en sont remplis ; l'Alliance Française, association nationale pour la propagation, de la langue française dans les colonies et à l'étranger, a agi de même, mais on n'en a tenu aucun compte.

Nous constatons aujourd'hui que de nombreux articles nous font défaut, parce qu'ils étaient exclusivement fabriqués de l'autre côté du Rhin. Combien on peut en citer ; la plupart des produits chimiques utilisés en teinture et en pharmacie, la verrerie, les instruments d'optique et nombre d'autres ne se trouvaient, en France, que chez les représentants des Allemands ; la gêne que nous en ressentons est à peine atténuée par les mesures prises trop tardivement.

Le même cas se présente dans l'industrie mécanique ; une quantité considérable de machines, particulièrement dans l'imprimerie, a été introduite dans nos usines, grâce à une patiente propagande, et aussi par les grandes facilités de paiement accordées par les fournisseurs ; or, réparations et remplacement des pièces nous rendent fatalement tributaires des constructeurs allemands.

Combien de fois avons-nous entendu ces phrases : « On ne trouve cela qu'en Allemagne » ; « cela ne se fait pas en France, car c'est mieux fait et meilleur marché en Allemagne », et aussi : « c'est de la camelote allemande », c'est possible, mais elle se vendait au détriment de l'article français.

Enfin, et surtout, les filiales créées en France sous une façade nationale, mais foncièrement germaniques, ont rendu à nos nationaux la concurrence presque impossible, et cela toujours en raison des procédés allemands ; ces filiales, bien que paraissant favoriser l'industrie du pays dans lequel elles s'étaient implantées, ne servaient en réalité, et exclusivement, que la cause allemande.

Il ne faudrait pas croire que la France seule a subi cette invasion ; les autres nations, l'Italie, l'Espagne, les deux Amériques, l'Angleterre même, ont été envahies par l'Allemagne ; tous les moyens lui étaient bons, les moins scrupuleux surtout, pour inonder les marchés étrangers de sa fabrication, en écartant les produits des autres pays. C'était la raison de sa vie propre ; l'accroissement continu de sa population, surtout, l'obligeant à créer de nouvelles usines, à les développer constamment, à leur demander une production intense dont l'écoulement nécessitait l'ouverture progressive de débouchés.

Il est de toute évidence que ce mouvement n'a pas été obtenu par la seule initiative privée de nos voisins, mais qu'il a été la réalisation d'un plan général parfaitement conçu, et qu'il démontre de la façon la plus saisissante une science organisatrice poussée jusqu'à la plus extrême minutie.

Dans *l'Avant-guerre*, M. Léon Daudet a révélé cette situation avec une grande précision de détails ; les événements qui se sont produits depuis l'apparition de son livre ont confirmé l'exactitude de ses renseignements.

D'autre part, et au cours de la préparation du présent ouvrage, il a été publié une œuvre de documentation d'une portée considérable, *les Méthodes allemandes d'expansion économique* (Armand Colin, éditeur). L'auteur, M. Henri Hauser, professeur à la Faculté des lettres de l'Université de Dijon, y dénonce de façon magistrale les procédés allemands, qu'il étudie dans leurs causes et par leurs conséquences, et qu'il suit dans toutes leurs applications, aux différents points de vue du commerce, de l'industrie, des transports et des banques ; j'aurai d'ailleurs, par suite de la coïncidence que je signale plus haut, à emprunter à ce très intéressant ouvrage un certain nombre de citations venant confirmer ce que j'avais déjà écrit.

Il est absolument certain que ce qui a existé, existe encore, et existera toujours en Allemagne, nous a complètement fait défaut, et cela pour des raisons très nombreuses, et très complexes ; je ne veux pas les étudier ici, car cela m'obligerait à sortir du cadre que je me suis imposé ; d'autres l'ont fait, et sans entrer en polémique sur ce point, je constate que le journal *l'Eclair comtois* a ouvert une enquête à ce sujet, en août 1915 ; une très sérieuse étude de M. J. Maître, conseiller général du Haut-Rhin (imprimerie Jacques et Demontrond, Besançon), sous le titre : *les Conditions du relèvement économique de la France*, a sur cette question évoqué un certain nombre de points d'un intérêt très puissant ; nous marchons parallèlement vers le même but et selon un idéal identique.

Il est malheureusement à craindre que les leçons du passé, toutes cruelles qu'elles soient, ne nous assagissent pas autant qu'il serait désirable, et que nous oubliions un peu trop vite, c'est là une des fâcheuses caractéristiques de notre tempérament national ; cependant il y a, dans notre passivité de ce dernier quart de siècle beaucoup de choses à réformer, et il est très possible d'obtenir une amélioration considérable des anciens systèmes pratiqués ; connaissant nos défauts, nous pouvons, et surtout, nous devons nous en corriger ; sachant ce qui nous manque, il faut que nous nous efforcions de l'acquérir ; mais par-dessus tout, nous devons, implacablement, nous affranchir de notre vieille routine, elle est le plus grand obstacle que puisse rencontrer le progrès ; pour cela, il nous fait *vouloir*, et *vouloir énergiquement.*

Nous devons reconnaître que la méthode allemande est toute différente de la méthode française, et qu'il est presque impossible de l'appliquer dans notre pays, car Latins et Germains ont une mentalité à peu près opposée.

Autant l'Allemand est passif, calme, soumis, propre à être dirigé, autant le Français est actif, peu discipliné, et personnellement entreprenant. Le Français est inventif, l'Allemand est imitateur ; chacun sait que de nombreuses industries exploitées très avantageusement par l'Allemagne sont exclusivement basées sur des découvertes françaises que nous n'avons pas voulu ou su industrialiser.

L'étatisme a fait la force de l'Allemagne en raison du caractère de son peuple ; en France, à l'exception de quelques utopistes, ce système social ne saurait être accepté par la grande majorité ; c'est que l'étatisme est la quasi-négation de toutes les tentatives privées, l'annihilation de la volonté individuelle et le plus grand obstacle à l'initiative personnelle ; or, ce sont précisément ces qualités qui font notre force nationale et qui doivent la développer ; donc, le même principe qui est applicable là-bas ne peut et ne doit l'être ici.

Mais, et c'est précisément là le but à atteindre, il importe considérablement que les efforts que nous serons amenés à faire soient parfaitement coordonnés, et que l'esprit de race reste toujours unique ; il faut que nos progrès, ou plutôt la reprise de l'avance que nous possédions autrefois, soit due à une meilleure organisation économique et sociale ; il faut que celle-ci, bien que réalisée par l'effort individuel, soit dirigée par une idée commune et en vue du même résultat.

Il faut aussi que nous sachions nous affranchir, et cela à tous les degrés de l'échelle sociale, de toutes les vaines théories qui ont été lancées depuis un quart de siècle par ceux qui n'avaient d'autre but que de nous diviser pour mieux nous anéantir ; il faut que chacun pense et raisonne, n'accepte pas pour bon argent les phrases toutes préparées que débitent les beaux parleurs, il faut enfin considérer que, seuls, les actes comptent.

M. Léon Daudet a publié récemment pour faire suite à *l'Avant-guerre*, que je cite plus haut : *Hors du joug allemand.*

Dans la première partie de ce très intéressant ouvrage, il étudie la psychologie allemande, démontre, en s'appuyant sur de nombreux documents, l'union nationale absolue de tous ses doctrinaires, Kant, Karl Marx, s'efforçant de placer l'Allemagne au-dessus de tout, et de servir de modèle au monde entier ; il établit qu'ils n'avaient qu'un but, asservir les pays voisins, notamment la France, pour lui imposer leurs idées et la dominer, que toutes leurs théories d'apparence réformatrice tendaient exclusivement à obtenir ce résultat.

Évidemment, cette étude est très ardue, l'important développement que l'auteur lui a donné en rend la lecture peu accessible à tous ; cependant, on ne peut qu'être frappé par l'enchaînement des idées qui se révèle chez tous les écrivains qu'il cite et leur liaison avec les dirigeants du mouvement pangermaniste, et on est forcé de reconnaître l'exactitude de ses conclusions.

Nous devons essentiellement nous en inspirer ; nous ferions absolument fausse route en les appliquant chez nous, car ce serait travailler à l'encontre des intérêts nationaux.

Pour parvenir à un résultat pratiquement utile, nous avons le devoir impérieux d'examiner à la fois, ce que nous avons fait, ce que nous n'avons pas fait, et pourquoi nous ne l'avons pas fait ; de rechercher ce qui nous manque, et pourquoi cela nous manque, aussi bien au point de vue moral que matériellement. Nous devons surtout ne pas craindre d'abandonner des méthodes dont l'expérience aussi bien que le raisonnement nous auront fait reconnaître qu'elles étaient mauvaises ou nuisibles ; nous adopterons délibérément celles qui se seront démontrées efficaces. Pour cela que nous faut-il : une volonté énergique, et, parodiant Danton, je crie bien haut : de l'énergie, encore de l'énergie, toujours de l'énergie.

Ne nous laissons pas hypnotiser, comme certains y tendraient, par ce qu'ont fait les Allemands. Nous avons, chez nous, suffisamment à étudier et à apprendre, par conséquent, à réformer. Deux éléments sont spécialement à redresser, ils nous fourniront les bases de notre réorganisation générale : le côté moral et le côté pratique ; celui-ci essentiellement facteur de celui-là.

Le but de cette étude est de faire ressortir nos faiblesses, de rechercher les fautes économiques qui ont été commises et de s'employer, à la fois, à les réparer et à en éviter le renouvellement. J'y tâcherai, tant par l'examen des conditions morales qui s'imposent absolument, que par le redressement des erreurs économiques ; j'étudierai séparément chacune d'elles.

CHAPITRE II

LA MORALE ET L'IDÉAL EN ÉCONOMIE POLITIQUE ET SOCIALE

Le programme de réorganisation qui s'impose à notre pays est considérablement vaste, il doit comprendre toutes les branches du commerce et de l'industrie, car, presque partout, il y a, sinon à réformer, tout au moins à améliorer.

Comme en toutes choses, il faut commencer par la base, avec un esprit de direction parfaitement déterminé, et procéder par des méthodes rationnelles. Pour bâtir une maison, ou construire une machine, il est indispensable d'en posséder le plan, mais faut-il que ce plan ait été sérieusement étudié, et soit pratiquement réalisable ; or, si l'exécution est relativement facile, la conception a nécessité une préparation réfléchie, établie d'après un ensemble de connaissances préalablement acquises, que la seule pratique peut développer et perfectionner.

Il n'en est pas autrement en économie politique et sociale.

Le mot économie est formé des radicaux grecs *oixos*, maison, et *nomos*, gouvernement ; il signifie donc gouvernement de la maison, ce mot pris dans son sens le plus large ; l'économie, complétée par l'adjonction de l'adjectif politique (de *polis*, cité, société) s'applique plus spécialement à la science du gouvernement de l'État.

Au fur et à mesure des besoins sociaux et de l'organisation de la société moderne, il a été nécessaire de rechercher les causes de la richesse nationale et les éléments qui la produisent, ainsi que les meilleurs moyens efficaces de la développer et de l'utiliser ; au milieu du XVIIIe siècle, le grand ministre Turgot en a été l'un des premiers initiateurs, par les mesures sages et prévoyantes qu'il sut prendre ; le résultat ne s'en fit malheureusement pas sentir immédiatement ; son plan se résumait ainsi : « Point de banqueroute... Point d'augmentation d'impôts... Point d'emprunts... » Formule lapidaire dont la réalisation était sinon facile, mais tout au moins possible, à son époque, par l'équilibre sagement distribué des recettes et des dépenses.

Les intrigues intéressées de tous ceux que les plans réformateurs du ministre gênaient dans leurs intérêts, la mauvaise volonté aussi de beaucoup d'ignorants, l'empêchèrent de réaliser complètement son programme, il dut se retirer et laisser à son successeur Necker le soin de l'appliquer en partie ; d'autre part, Turgot était un homme d'avant-garde dont les idées devançaient les vues un peu courtes de ses contemporains.

Il était réservé, trente ans plus tard, à Jean-Baptiste Say, de compléter et de développer les vues prématurées de Turgot ; depuis 1803 jusqu'à sa mort en 1832, il se consacra presque exclusivement à leur diffusion, et il peut être considéré comme le principal créateur de la Science économique qu'il professa au

2

Conservatoire des Arts et Métiers et au Collège de France.

Il démontra notamment qu'il fallait reconnaître comme sources initiales de la richesse, non seulement les productions du sol, mais encore le travail qui les utilise et les transforme, considéré, autant sous sa forme manuelle, qu'intellectuellement.

Cette théorie, justement admise, a donné naissance à l'économie sociale (radical *socius*, compagnon) qui ne se sépare pas de l'économie politique, et a pour but l'étude de toutes les questions intéressant les droits et les devoirs de chacun, dans la production et l'utilisation de la richesse nationale.

Les enseignements de Jean-Baptiste Say furent continués et développés par ses descendants et notamment par son petit-fils Léon Say, homme politique des plus remarquables et des plus considérés, dont le nom et les idées font autorité en la matière. En 1889, il écrivait : « Les forces matérielles ne sont pas seules à concourir à la production, il y a une autre force qui s'appelle la force humaine, elle se confond avec l'âme et l'intelligence de l'homme. ». (Rapport sur l'Exposition d'économie sociale).

C'est donc vers un idéalisme de plus en plus accentué que tous les économistes se sont dirigés avec une amplitude de vues des plus remarquables. Ils ont cherché la formule qui leur semblait la meilleure pour établir leurs principes et les faire admettre, en s'inspirant des idées de justice et de grandeur qui sont dans le cœur de tous ; le droit, qui ne saurait se dissocier du devoir, le beau, le bien, tel a été leur but, et l'unique souci de leurs recherches.

En toutes choses, l'exemple doit venir d'en haut,

mais il semble qu'en économie politique et sociale, ce soit l'inverse qui va se produire. Il est absolument certain que l'économie domestique, science plus ou moins savante de l'organisation financière familiale, peut et doit servir de modèle à l'organisation financière de l'État ; car, en somme, le chef de famille qui la met en pratique, souvent secondé ou remplacé par sa femme, gère de son mieux sa fortune et ses revenus, établit son budget en équilibrant ses recettes et ses dépenses ; le rôle d'un gouvernement, quelle qu'en soit la forme, est exactement le même ; il est grandement coupable s'il néglige un élément de ressources, ou s'il dépense inconsidérément et sans utilité générale.

Quel est le but poursuivi par chacun de nous, et vers lequel tendent tous nos efforts ? Posséder un bien-être approprié à sa situation, s'efforcer de développer ses revenus, de quelque source qu'ils proviennent ; proscrire absolument toute dépense réellement sans utilité pratique ; donner à ses enfants l'instruction et l'éducation leur permettant de s'élever davantage dans l'avenir ; leur inculquer les principes de morale, d'honnêteté et de fraternité qui feront d'eux, à leur tour, des pères et mères de famille dignes de leurs parents ; la morale et l'idéal sont donc la base essentielle de l'économie domestique, et j'affirme, sans hésitation, que rien de bien et d'utile ne peut exister sans ces deux qualités.

La science financière et sociale de l'État n'est pas autre, car n'est-il pas le groupement idéal de tous ses nationaux, quelles que soient leurs opinions politiques et religieuses, en une grande famille qui ne sera forte qu'autant que ses membres seront entièrement unis.

L'État, grande famille, doit donc, forcément, se modeler sur l'esprit directeur de chaque foyer, pris séparément ; plus est vaste son champ d'action, plus il doit développer les idées saines et idéales qui sont à la base.

Et pourrait-il en être autrement. Peut-on concevoir une société dont l'organisation matérielle ne reposerait pas sur le principe de cette égalité qui nous est si chère, et dont le mot seul évoque un idéal, pas toujours atteint, malheureusement, mais constamment désiré ; une société qui foulerait aux pieds toutes ces règles de morale, quelle qu'en soit la base, religieuse ou laïque, qui sont une telle nécessité chez l'homme, que l'individu qui s'en sépare est flétri par ses concitoyens ; une société qui voudrait s'affranchir de ces principes de droit naturel, qui sont la conscience des nations, et dont les actes seraient alors condamnés par l'implacable Histoire, comme ils le méritent.

Non ! Mille fois non !... La nature humaine, malgré tous ses défauts, est noble et généreuse, ce ne sont que les circonstances pénibles de la vie qui sont la cause de cet égoïsme qu'on constate trop souvent ; dans une société mieux organisée, l'effet, s'il ne disparaissait pas complètement, diminuerait avec la cause.

C'est donc avec la haute autorité de la morale, et avec un idéal de plus en plus élevé, que toutes les réformes économiques doivent être étudiées et appliquées ; chacun, quelle que soit sa position sociale, peut et doit y coopérer : le chef d'industrie, en s'appliquant à être toujours plus juste et équitable dans ses rapports avec le personnel qu'il a la mission de diriger ; l'ouvrier, en accomplissant son labeur de chaque jour avec conscience ; l'un comme l'autre, en s'affranchissant de toutes les vaines théories, et en s'abstenant d'écouter et de croire tous les beaux parleurs, dont le rôle est uniquement de créer entre eux des divisions pour en profiter.

C'est en agissant dans ce sens, et sous l'impulsion de ces idées, que les grands problèmes de réorganisation économique pourront être résolus, que les améliorations rêvées par tous seront utilement réalisées. Ainsi sera obtenu le développement commercial et industriel de notre pays ; il reprendra alors la place perdue depuis un demi-siècle, tant à cause de ses malheurs que de son apathie, il pourra regarder fièrement l'avenir car homme ou nation qui va droit son chemin est honoré et respecté.

CHAPITRE III

NÉCESSITÉ DE L'ORDRE ET DE LA MÉTHODE DANS TOUTES LES BRANCHES DU COMMERCE ET DE L'INDUSTRIE

La nécessité de l'ordre et de la méthode dans toute maison de commerce s'explique tellement d'elle-même qu'il semble que ce soit une Lapalissade d'en énoncer le principe ; c'est l'application, en quelque sorte matérielle, de celui qui est exposé dans le chapitre précédent ; cependant combien cet ordre et cette méthode si indispensables font souvent défaut ; aussi, et à part de bien rares exceptions, le résultat ne se fait pas attendre longtemps, c'est la faillite et la ruine ; ceux qui sont les victimes de leur propre imprudence en rejettent la faute sur des causes extérieures, ils ne veulent pas reconnaître que c'est seulement leur défaut d'ordre et de méthode qui les a empêchés de suivre la marche de leurs affaires, de préciser leurs prix de revient et décompter leurs frais généraux exacts, conséquemment de chiffrer de façon précise leurs bénéfices et de baser sur eux leurs dépenses personnelles.

Ils ne veulent pas savoir qu'il n'existe pas d'affaires mauvaises, mais seulement des affaires mal gérées.

Ils se préoccupent peu de tout cela et considèrent

que les fonds qui sont dans leur caisse leur appartiennent exclusivement, et qu'ils peuvent en faire l'usage qu'il leur convient.

Quelle erreur, et combien leur sens moral est oblitéré par un manque de raisonnement.

Prenons, par exemple, un marchand de meubles d'une certaine importance ; il est de toute évidence que s'il vend beaucoup il possédera une forte encaisse ; est-ce du bénéfice cela, même partiellement ; il ne peut le savoir qu'autant qu'il aura mis en regard de la somme qu'il a reçue le prix de revient des articles vendus, et qu'il aura réservé la part proportionnelle de *tous* ses frais généraux, alors il connaîtra son bénéfice net, réel, celui qui lui appartient en propre.

Et encore, s'il est sage et prévoyant, il en réservera une partie pour se garantir contre une mauvaise période, soit commerciale, soit personnelle.

Mais s'il agit autrement, et puise dans sa caisse sans compter, il sera gêné pour faire face à ses échéances, ou encore, s'il lui survient un événement imprévu, maladie ou décès dans sa famille, il sera hors d'état d'assurer les dépenses qu'il n'aura pas su ou voulu prévoir.

Combien en existe-t-il de maisons de commerce qui semblaient très florissantes, et que la déclaration de guerre a surprises comme la cigale de la fable.

Par imprévoyance, c'est-à-dire par absence d'ordre et de méthode, elles se sont trouvées brusquement privées de toutes ressources, puisque les banques, sur lesquelles elles croyaient pouvoir toujours s'appuyer, leur ont brutalement coupé tout crédit.

C'est là la preuve la plus cruelle, mais aussi la plus convaincante, qu'une maison de commerce ne peut exister, et prospérer, qu'autant que son chef sera en mesure de connaître exactement sa situation précise, qu'il ne devra pas en conserver les bases dans sa propre mémoire, mais au moyen de livres clairs, que les intéressés pourront consulter, si la nécessité les y oblige.

Ce qui est vrai pour des commerçants détaillants ne l'est pas moins dans l'industrie, quelle que soit son importance.

Parce que les opérations y sont un peu plus compliquées, la même nécessité s'impose d'autant mieux ; il faut connaître le prix de revient de chaque article, en matières, main-d'œuvre et surtout frais généraux de fabrication.

Or, si l'industriel n'est pas en mesure de le faire exactement, ce qui souvent est très délicat, il compromet l'existence des capitaux dont il dispose en vendant à un prix trop bas, il s'en apercevra souvent quand il ne sera plus temps.

A ceci, il est beaucoup de fabricants qui objectent que le prix de vente leur est imposé par la concurrence et qu'ils sont obligés de le subir s'ils veulent écouler leur production ; cela est fort exact, souvent, mais ce raisonnement manque absolument de logique. Si le prix de revient réel, certain, est supérieur au prix de vente, il faut, soit l'abaisser, soit cesser la fabrication ; il n'y a aucun motif, sauf certains cas spéciaux, de vendre à perte ; mais ce prix peut souvent être diminué et l'industriel ne pourra y parvenir qu'en étant certain de ses éléments constitutifs. Et quand même il ne serait pas limité comme prix de vente, n'est-il pas de son intérêt le plus immédiat d'essayer de produire à de meilleures conditions.

Et combien il importe que ses renseignements soient

exacts et complets, car, s'il table sur des éléments insuffisants ou erronés, les conclusions qu'il en pourra tirer seront fausses, et rien n'est plus dangereux.

Il est malheureusement trop fréquent de constater que cette organisation primordiale, soit fait complètement défaut, soit est absolument insuffisante dans beaucoup d'établissements qui transforment la matière, là encore le résultat demeure identique, et c'est ou la faillite, ou la perte des capitaux qui ont été confiés à l'industriel incapable.

Un exemple est fourni par une notice émanant d'un établissement se chargeant spécialement de réorganisations comptables, en voici un extrait :

« ... Le prix de revient, soigneusement établi, a démontré que ce qui était vendu 2 fr. 50 coûtait 3 fr. 05 à produire. Le contremaître du service fut intéressé sur l'abaissement des prix de revient par une série de mesures appropriées. Dès le premier mois d'application, le prix de revient tomba à 1 fr. 75, le second mois à 1 fr. 45, et le contremaître toucha pourtant une prime de 40 francs... ».

On peut voir par là, non seulement combien une bonne méthode est précieuse, mais encore les résultats que l'on peut obtenir en se rendant compte exactement des prix de revient séparés ; et enfin des résultats qui peuvent être acquis par la participation aux bénéfices ; je reviendrai d'ailleurs sur ce point en étudiant la question au chapitre qui y est réservé.

Dans la plupart des faillites, il n'y a plus, au moment de la déclaration de cessation de paiements, qu'un actif insignifiant en présence d'un passif plus ou moins élevé ; la cause en est toujours la même ; le failli ignorant exactement sa situation, par insuffisance d'organisation, s'en aperçoit quand il est trop tard, et comme le noyé, essayant de s'accrocher aux branches, il emploie tous les moyens pour empêcher la chute finale, sans s'apercevoir qu'il l'accélère.

S'il avait un peu de bon sens, et surtout de morale, il reconnaîtrait qu'en agissant ainsi, il commet un acte malhonnête, car il pouvait n'être que malheureux et imprévoyant, il devient coupable ; il absorbe les éléments d'actif dont il était encore possible de faire profiter ses créanciers, et, en le faisant, il les vole ; le mot est dur, mais exact.

Malgré toutes les objurgations des présidents des tribunaux de commerce, ce mal n'a fait qu'empirer, et il serait utile d'y mettre un frein par des sanctions sérieuses.

Le nombre des faillites a considérablement augmenté depuis quelques années, et celles qui ont dû être closes pour insuffisance d'actif figurent pour une proportion inquiétante ; la raison en est que la loi n'est presque jamais appliquée ; il suffit, pour en être convaincu, de constater que l'article 585 du Code de commerce *impose* le délit de banqueroutier au commerçant qui a fait des dépenses personnelles exagérées, qui s'est livré à des opérations hasardeuses, etc.

Que l'article 586 *permet* de déclarer banqueroutier simple le commerçant qui n'a pas de comptabilité régulière, n'a pas fait d'inventaires réguliers, même sans qu'il y ait fraude ; que l'article 591 *impose* que seront déclarés banqueroutiers frauduleux les faillis qui auront soustrait leurs livres, ou dissimulé une partie de leur actif, ou se seront frauduleusement reconnus débiteurs de sommes qu'ils ne doivent pas ; et que *leurs complices* seront passibles des peines applicables aux banqueroutiers frauduleux.

La banqueroute simple est un délit passible d'une peine de deux mois à deux ans de prison.

La banqueroute frauduleuse est un crime puni des travaux forcés à temps (Code pénal, art. 402).

Il n'y a donc qu'à appliquer la loi, et le nombre des faillites diminuera immédiatement comme par enchantement.

Dans ce même ordre d'idées, il y a lieu de faire observer que les prescriptions concernant la comptabilité des commerçants font l'objet des articles 8 à 17 du Code de commerce, mais que, là encore, la loi reste lettre morte ; cependant, il faut bien reconnaître que quelques-uns de ces articles sont absolument inapplicables à notre époque et qu'il y aurait lieu de les modifier.

Dans un Congrès qui s'est tenu à Lyon en août 1907, j'ai indiqué de quelle façon le visa des livres de commerce pourrait être utilement pratiqué, il semble que cette façon de procéder présenterait de nombreux avantages en laissant à chaque commerçant la faculté d'organiser sa comptabilité à sa guise, tout en l'obligeant à inscrire exactement toutes ses opérations, et en le plaçant dans l'impossibilité absolue de fausser ses écritures ou de dissimuler ses livres.

Voici le texte de cette proposition, d'après le compte rendu officiel publié par la Chambre syndicale des comptables de Lyon (imprimerie Chrétin, 62, cours de la Liberté) :

« Le visa des livres de commerce, tel qu'il est imposé par l'article 10 du Code de commerce, est aujourd'hui à peu près tombé en désuétude, c'est la résultante du texte de l'article 8 qui prescrit la tenue du livre journal au jour le jour. Les quelques commerçants qui s'y soumettent encore ont, pour la plupart, un journal récapitulatif des journaux auxiliaires, tenu par mois ; quant à ceux qui font viser leurs livres chaque année, il se peut qu'il en existe, mais, pour ma part, je n'en ai jamais connu.

« Et cependant, la formalité du visa préalable des livres, ainsi que le visa annuel, me semblent indispensables pour obtenir de tous les commerçants, quels qu'ils soient, et de quelque importance que présentent leurs opérations, la sincérité de leurs écritures, base de toutes les transactions commerciales.

« Actuellement, en raison du nombre des écritures à passer, la tenue du *journal unique* est impossible, car, dans un très grand nombre de maisons, un employé seul n'y suffirait pas, et il ne faut pas perdre de vue que la loi impose un journal unique, et n'admet même pas deux journaux, l'un pour les jours pairs, l'autre pour les jours impairs.

« Donc, dès l'instant qu'une loi ne peut pas être appliquée, elle est considérée comme inexistante, et c'est en effet ce qui se produit ; en fait, la formalité du visa n'existe plus pour les livres de commerce.

« Je ne crois pas qu'on doive purement et simplement s'incliner devant cette situation, et qu'il y a mieux à faire, tout en reconnaissant que, dans l'*état actuel*, il y a lieu de demander la suppression absolue de l'article 10, en raison des inconvénients considérables qu'entraîne son maintien.

« Ce qu'il faut faire, c'est rendre l'article 10 applicable, en modifiant, en modernisant, si je puis dire, l'article 8, car la suppression absolue et *définitive* du visa me paraît avoir des conséquences désastreuses pour les commerçants en général, en raison de la facilité qu'elle donnerait à ceux qui, peu scrupuleux, rétabliraient leurs livres suivant les circonstances. C'est là, d'ailleurs, le seul argument que je puisse faire valoir pour le maintien (ou le rétablissement) du visa, tant préalable qu'annuel, mais il a sa valeur, et il n'est pas un commerçant qui n'ait eu l'occasion de s'en apercevoir, s'il a subi quelques faillites.

« La formalité du visa annuel semble, à première vue, difficilement applicable, en raison du peu d'empressement que beaucoup de commerçants mettraient à confier leurs livres, dans la crainte des indiscrétions qui pourraient en être la conséquence, et c'est évidemment pour cette raison que la presque totalité d'entre eux ne remplit pas cette formalité. Je crois pourtant que, pour les raisons que je viens d'indiquer, elle devrait également être maintenue, en l'entourant de toutes les garanties auxquelles les intéressés ont droit.

« En résumé, il y a lieu d'étudier :

« 1° La modification du texte de l'article 10, tout en en conservant, à l'égard des tiers, la garantie qu'a voulu leur donner le législateur ;

« 2° La façon dont le visa d'origine et le visa annuel doivent être donnés, pour garantir les commerçants contre les indiscrétions possibles, tout en évitant les fraudes ;

« 3° Les sanctions à édicter contre les commerçants négligents ou coupables.

« I. Le texte de l'article 8 pourrait être remplacé par le suivant :

« Tout commerçant est tenu d'avoir un livre journal indiquant toutes les opérations concernant :

« 1° Le mouvement de caisse, effets à recevoir et à payer ;

« 2° Le mouvement d'achats, de ventes et d'engagements quelconques à terme.

« Ce livre pourra être tenu, soit au jour le jour, soit par périodes qui ne pourront excéder un mois.

« Les pièces justificatives de recettes et dépenses, les factures des fournisseurs, les comptes des banquiers, etc., en un mot, toutes les pièces ayant motivé les écritures passées aux journaux devront être conservées pendant le même temps que ceux-ci, ainsi que la copie, sous une forme quelconque, des factures aux clients. La correspondance reçue, ainsi que la copie des lettres ou télégrammes envoyés seront conservées pendant la même période.

« II. Le journal unique ou central, ainsi que les livres journaux auxiliaires dont le résumé synthétique figurera au journal central, seront visés et paraphés, avant tout usage, conformément à l'article 2 actuel.

« Le greffe du tribunal de commerce tiendra, pour chaque commerçant de son ressort, un répertoire des livres qu'il aura fait viser, soit directement par le Tribunal, soit par le maire de sa commune.

« Chaque année, et dans le délai de trois mois de la date de clôture de son inventaire, chaque commerçant devra faire viser les livres précédemment indiqués ; ce visa sera obtenu, soit par leur dépôt au greffe du Tribunal de commerce dont il ressort, soit par l'apposition d'un timbre mobile délivré par le greffe de ce Tribunal. Dans ce cas, ce timbre devra être annulé sur le livre même, dans le délai de huitaine de la réception, par le bureau de poste, le receveur de l'enregistrement, un notaire ou un huissier, et le talon du timbre annulé simultanément sera retourné au greffe du Tribunal qui en tiendra compte à son répertoire.

« III. Tout livre, non visé et paraphé conformément aux dispositions qui précèdent, tout en conservant sa valeur de présomption de preuve, ne pourra être produit que contre paiement préalable d'une amende de 100 francs par chaque contravention.

« Tout commerçant qui ne pourra produire le livre prescrit par l'article 8 sera passible d'une amende de 500 francs, sans préjudice de ce qui sera réglé au titre III du Code de commerce.

« Lors du premier visa des livres de commerce, il sera remis à chaque commerçant la copie du titre II, livre I, et du titre III du Code de commerce. »

On m'a fait observer, et j'estime que c'est à juste titre, que le commerçant failli se soucierait fort peu des amendes qui lui seraient imposées dans ce cas ; en effet, elles ne l'atteindraient pas personnellement, mais constitueraient un supplément de passif, privilégié ; cela aurait pour conséquence de diminuer encore la part d'actif à distribuer aux créanciers.

Mais la solution est facile à trouver ; il suffit, dans ce cas spécial, de transformer en mois de prison les amendes encourues par le défaillant, en spécifiant que cette peine ne pourra, en aucun cas, se confondre avec d'autres ; le résultat cherché sera certainement obtenu.

Que ce soit sous cette forme ou sous tout autre, permettant d'obtenir le même résultat, il est absolument nécessaire d'imposer à tous les commerçants une comptabilité complète, et surtout sincère, car, et beaucoup se trouvent dans ce cas, s'ils n'y sont pas forcés par un texte de loi comportant des sanctions, ils auront toujours une tendance à négliger cette partie pourtant si essentielle de leur commerce ou de leur industrie. De plus, et c'est là le point qui intéresse les tiers, il ne faut pas qu'en cas de faillite, les intéressés se trouvent en présence du néant ; il est indispensable que celui qui dépose son bilan puisse démontrer qu'il a seulement été malheureux, mais non pas coupable. La loi du 4 mars 1889, sur la liquidation judiciaire, avait pour but de séparer les deux cas, mais ce résultat n'a pas été atteint, il s'en faut de beaucoup, et les Tribunaux de commerce l'ont souvent constaté. Dans son discours, à l'audience solennelle du 20 février 1907, M. Coville, président du Tribunal de commerce de Pontoise, a étudié la question à fond, et demandé le rapport de cette loi.

Malheureusement tous les vœux ne sont pas réalisés et les études très sérieuses des Congrès et des Ligues sont impuissantes à obtenir des dispositions législatives qui cependant s'imposent ; tout le monde le sait, et même il arrive qu'un législateur veut bien en convenir ; voici, en effet, ce que l'un d'eux et non des moindres, M. Millerand, a dit dans un discours présidentiel, à une conférence de M. Rodolphe Rousseau à la Ligue pour la réforme des lois sur les sociétés par actions, le 6 mars 1914 :

« ... Il y a quelques jours, dans cette même salle, j'avais le plaisir de présider une conférence de notre confrère et ami Jacques Vavasseur. Il traitait de la question de la loi de 1884 sur les syndicats professionnels, et à la fin de la séance, j'étais obligé de rappeler qu'un certain nombre de projets d'une urgence absolue ne peuvent pas aboutir et que nous nous trouvons dans cette situation paradoxale, fâcheuse à tous points de vue, qu'on peut relever entre les faits et les lois des contradictions brutales qu'on n'a pu encore arriver à faire disparaître par le vote des textes nécessaires.

« Il se passe le même phénomène dans la matière des sociétés. Rodolphe Rousseau nous a fait parcourir le calvaire des commissions, qui, les unes après les autres, ont monté le chemin qui conduit au Parlement, sans jamais arriver jusqu'au haut... Je me trompe, et je comprends la légitime fierté avec laquelle notre conférencier nous a cité la loi, l'unique loi, que, il y a quelques semaines, sa persévérance et celle de ses amis ont réussi à arracher au Parlement. Mais dans quelles conditions ?

« Quand on les connaît — heureusement on ne les connaît pas beaucoup — elles ne sont pas de nature à rehausser le prestige du Parlement. Voici une loi, celle du 22 novembre 1913, qui n'est pas d'une médiocre importance ; elle modifie profondément les conditions nécessaires à la majorité exigée pour prendre certaines décisions graves ; elle donne aux petits actionnaires des pouvoirs jusqu'alors inconnus ; enfin, raye d'un trait de plume une jurisprudence ancienne, d'une gravité considérable, qui avait institué ce qu'on appelle en matière de législation des sociétés « les bases essentielles », auxquelles aucune assemblée ne pouvait toucher à moins de réunir l'unanimité des actionnaires.

« Il n'y a plus de bases essentielles.

« Comment ces transformations, à coup sûr considérables, bonnes ou mauvaises — bonnes, je n'en doute pas sachant quels sont leurs parrains, mais assurément graves — comment ont-elles pu être adoptées ? En n'étant pas discutées. Tout l'art de leurs défenseurs a consisté à les faire voter au début d'une séance, au Sénat, puis à la Chambre, sans discussion.

« Voilà dans quelles conditions vraiment déplorables, dont je me garderai bien de rechercher ici les raisons, parce qu'il faudrait faire de la politique, et que je n'en fais pas ce soir, voilà dans quelles conditions on procède. Il n'est pas aisé, à ce prix, de réaliser un progrès quelconque. »

. . . .

(Extrait du bulletin de la Ligue pour la réforme des lois sur les sociétés par actions, n° 16 du 15 avril 1914, librairie Arthur Rousseau, 14, rue Soufflot.)

Faut-il conclure de tout ceci qu'il n'y a rien à faire et que commerçants et industriels doivent se résigner à piétiner sur place en présence de lois insuffisantes ou mal construites, ou à ne compter que sur leur seule initiative pour imposer, à ceux qui en manquent, l'ordre et la méthode dont l'absence leur est si préjudiciable. Je ne le crois pas, et quoique l'action collective de quelques-uns puisse avoir une certaine influence, il faut que ce soit une masse qui agisse et impose ses volontés.

J'envisage une solution pratique de cette question, elle fait l'objet de l'avant-dernier chapitre de ce livre.

Une dernière observation sur le sujet qui vient d'être traité.

Les décrets successifs qui ont établi le moratorium des effets de commerce ont permis, sauf certains cas tout à fait exceptionnels, de retarder le paiement de traites acceptées, ou des autres créances commerciales, à charge de tenir compte aux créanciers d'un intérêt de 5 0/0, à compter du jour de l'échéance initiale.

Je ne veux pas rechercher ni discuter les avantages ou les inconvénients qui peuvent en résulter, mais je crois utile de préciser une situation qui s'établira, à peu près forcément, à l'expiration des délais impartis aux débiteurs pour se libérer.

Le cas le plus typique sera celui de commerçants d'une moyenne importance ayant pu continuer leurs opérations pendant la durée de la guerre.

Ils auront vendu, au comptant, avec des conditions identiques pour leurs achats ; comme conséquence, réalisation d'un bénéfice, quelquefois modeste, il est vrai, mais cependant existant ; s'ils ont dû acquitter une partie de leurs frais généraux, personnel, éclairage, notamment, d'autres n'auront pas été payés, le loyer, presque toujours, les contributions, quelquefois ; quant aux traites, elles sont restées en souffrance.

Ils ont ainsi réalisé des sommes qui, logiquement, devaient être réservées pour, tout au moins en partie, assurer le paiement de ce qui sera exigible ultérieurement, leur emploi en Bons de la Défense Nationale était tout indiqué.

Combien l'auront fait, l'avenir nous le fera connaître, mais nous apportera aussi cette triste constatation que d'autres, moins prévoyants, et, disons le mot, moins honnêtes, auront profité de cet excédent de recettes pour l'appliquer à leurs besoins personnels et, ainsi que cela a pu être déjà constaté, pour en faire des emplois regrettables.

Triste mentalité que celle-là, j'y faisais allusion dès les premières lignes de ce chapitre ; j'en conclus, et tous ceux qui pensent droit seront de mon avis, que les règles de la faillite paraîtront insuffisantes pour imposer à ces mauvais citoyens la peine que mériteront leurs fautes.

CHAPITRE IV

LES CHAMBRES SYNDICALES
LA CENTRALISATION ET LES INTERMÉDIAIRES

Il est absolument certain que le développement commercial de l'Allemagne a surtout été obtenu par l'union complète de toutes les branches productives ; dans le livre que j'ai cité plus haut, M. Hauser explique, avec de nombreux exemples à l'appui, comment, tout à la fois, les Allemands se groupaient à l'intérieur pour développer leur industrie et s'organisaient à l'extérieur pour en assurer l'écoulement; la troisième partie de son ouvrage, *la Conquête des débouchés*, contient des faits absolument stupéfiants; j'en citerai quelques-uns.

Page 218 : « Un distillateur de Dijon demande à un papetier de cette ville des crayons avec monture-réclame en métal. Le papetier s'adresse à l'une des plus grandes et des plus vénérables maisons françaises. Réponse : « Nous faisons des crayons et rien d'autre. » La maison allemande, d'ailleurs installée en France, répond : « Il est vrai que nous ne faisons que des crayons. Mais si vous voulez bien traiter avec la maison X..., nous nous entendrons pour vous donner satisfaction.» Résultat: le papetier a pris au distillateur une commande de 20.000 francs. »

Page 218 : « Deux ouvriers allemands travaillent

six mois avec beaucoup d'habileté, dans une fabrique florentine d'outils de charpentier et forgeron, puis ils disparaissent. Six mois après, l'Allemagne jette à vil prix les mêmes outils sur le marché italien. Les deux ouvriers modèles étaient deux ingénieurs. »

Page 217 : « On connaît l'histoire authentique de la réclamation diplomatique soulevée à propos de moutardiers en forme de têtes de cochons, coiffées du casque prussien. Renseignements pris, les moutardiers venaient d'Allemagne ! Agacé de l'insistance d'un voyageur, un industriel dijonnais lui avait proposé cette commande étrange, et le teuton l'avait immédiatement cueillie. »

C'est ainsi que nous étions envahis par les Allemands ; à Paris, notamment, ils avaient élu domicile dans un quartier qui fut presque vide au lendemain de la déclaration de guerre ; nous avions commis l'énorme faute de les accueillir parce que, non seulement ils n'étaient pas exigeants sur le chiffre des appointements, mais encore beaucoup d'entre eux s'offraient comme volontaires, pour, disaient-ils, apprendre le français. Nos enfants, que nous envoyions en Allemagne, étaient loin d'y obtenir les mêmes facilités ; si l'on savait qu'ils avaient quelques relations avec une fabrique française, ils ne pouvaient trouver à s'occuper ; j'ai connu un jeune homme dans ce cas ; il eut la conversation suivante avec un directeur d'une fabrique de jouets : « Pourquoi voulez-vous travailler chez nous ? — Pour m'occuper, en même temps que j'apprendrai votre langue. — Mais vous pouvez faire autre chose, vous n'êtes pas ouvrier ; vous voulez connaître nos procédés de fabrication pour les transporter en France. — Non, ce n'est pas possible ; chez nous, le prix de la main-d'œuvre est beaucoup plus élevé qu'en Allemagne, et nous ne pouvons pas rivaliser avec vous sur vos articles. — Vous avez raison, mais vous pouvez vous installer et nous faire concurrence chez nous. »

Et le jeune homme dut chercher autre chose.

C'est en raison de cette cohésion d'intérêts que quelques années avant la guerre actuelle, un Allemand disait : « Un Français est beaucoup plus fort qu'un Allemand, mais dix Allemands réunis sont beaucoup plus forts que dix Français. »

Paradoxale à l'énoncé, cette phrase est rigoureusement vraie, car elle exprime assez bien les manières de faire réciproques des commerçants des deux pays.

L'Allemand, peu inventif de sa nature, ne progresse que quand il se sent protégé ; en masse il n'envisage que l'intérêt national, dont dépend le sien propre, et déjà bien vieille est sa maxime : *Deutschland über alles.*

Rien ne l'arrête ni ne le rebute quand il sent un terrain à exploiter, et il emploie tous les moyens, même les moins scrupuleux, pour concurrencer et terrasser ses adversaires étrangers.

Le Français, au contraire, ne recherche pas le groupement, tout au moins au point de vue commercial, il suit presque toujours sa voie sans s'inquiéter de son voisin, ou, s'il veut bien consentir à constater qu'il existe, ce ne sera que pour lui barrer la route, quand il ne met pas tout en œuvre pour le faire trébucher. Si pénible qu'elle soit à constater, il est certain que cette situation existe un peu partout, et nombreux sont les exemples de maisons qui ont dépensé des sommes importantes pour obtenir la ruine de leurs concurrents.

Sans doute, ceci n'est pas une règle générale, et on

pourrait également citer beaucoup de cas de bonne confraternité.

Il semblerait que la loi du 21 mars 1884, qui a donné l'existence légale aux syndicats professionnels, aurait eu pour conséquence, sinon pour objet principal, de réunir sous une même bannière, en vue des intérêts corporatifs communs, tous ceux qui pratiquent le même commerce ; c'est dans ce but que la loi a été faite, mais il faut reconnaître, malgré qu'il y ait de nombreuses exceptions, qu'un tel but n'a pas toujours été atteint.

Les Chambres syndicales sont trop souvent de petites chapelles où les membres se jalousent mutuellement, où les dirigeants ne songent qu'à utiliser leurs fonctions pour obtenir des faveurs ou des travaux privilégiés, où, enfin, les intérêts collectifs sont sacrifiés à l'activité dévorante de quelques-uns.

Cependant, et la guerre actuelle nous l'a démontré d'une façon indiscutable, c'est par l'union massive qu'un commerce ou une industrie peuvent prospérer ; on ne saurait trop souvent le répéter, l'intérêt général ne se dissocie pas de l'intérêt particulier ; penser ou admettre le contraire aboutirait à une désagrégation complète des masses productives et amènerait le triomphe de l'égoïsme ; la formule évangélique : « aidez-vous les uns les autres » est vraie en toutes choses.

Il importe donc que les quelques Chambres syndicales dont j'ai critiqué les agissements, et que chacun connaît, s'inspirent de cette idée, qu'elles soient exclusivement ce qu'elles doivent être, une centralisation des intérêts communs d'une même industrie, qu'elles s'entourent de tous les renseignements qui sont susceptibles de leur être utiles, qu'elles soient le faisceau qui sera leur force, pouvant imposer sa volonté, et obtiennent là où il faut aller les chercher les modifications et améliorations qui lui sont nécessaires.

C'est aux membres eux-mêmes de se placer en réformateurs, c'est leur droit et leur devoir de ne pas tolérer des agissements dont ils sont les premières victimes, et, par leur cohésion, de retirer leur confiance à ceux qui l'ont trahie à leur profit personnel. Là comme partout, il n'y a pas d'effort, si minime qu'il soit, qui n'ait pas sa valeur et son résultat, c'est le travail infime de la fourmi qui crée la fourmilière.

Chacun veut croire actuellement, qu'après la guerre, il y aura en France une modification considérable dans l'expansion commerciale à l'étranger, et que tous nos efforts vont tendre à reconquérir la place que nous nous sommes laissés prendre ; pour obtenir ce résultat, il est indispensable que nous soyons renseignés tout à la fois sur les débouchés qui peuvent nous être ouverts, sur la nature des objets que nous pourrons exporter, leurs prix et leurs conditions de vente.

Ce sont là autant de points qu'il est du rôle des Chambres syndicales de préciser et que l'effort individuel ne saurait avantageusement remplacer.

Et non seulement c'est le devoirde chaque Chambre particulière, mais toutes les fois qu'il y aura des intérêts globaux à défendre, et des questions générales à étudier, la réunion des Chambres intéressées devra se faire dans la mesure la plus large ; d'ailleurs, ces groupements de Chambres syndicales en Unions, prévus par l'article 5 de la loi de 1884, existaient déjà avant la guerre dans plusieurs cas ; c'est ainsi, notamment, qu'elles ont été créées dans l'industrie du Papier et le Bâtiment, pour ne citer que celles-là.

Depuis un an, beaucoup se sont mis à l'ouvrage et ont entrepris une œuvre de réaction contre la routine et la mollesse, et leurs efforts ne seront pas restés vains, car l'homme d'action réussit toujours.

Sans doute, il faut du temps pour aboutir, ainsi que l'écrivait M. A. Baudet, président de la Chambre syndicale de fournitures générales pour chaussures : « Tout est trop lent en France dans le domaine de l'organisation, ou pour mieux dire, tout était trop lent ; mais nous avons prouvé au monde étonné que nous savons nous réveiller. » (*La Quincaillerie moderne*, organe de la Chambre syndicale de la quincaillerie, numéro de mars 1915).

Une des preuves les plus évidentes des bienfaits que peut apporter à l'industrie un groupement intelligent des Chambres, et un travail sérieux de son comité, vient d'être donnée par la constitution de l'Union nationale inter-syndicale des marques collectives.

La Quincaillerie moderne, dans son numéro de novembre 1915, reproduit les procès-verbaux des séances d'un comité d'études, qui s'est constitué sous la présidence de M. Drouets, directeur de l'Office national de la propriété industrielle, avec le concours des représentants des Chambres syndicales suivantes : couture, tissus, fournitures générales pour chaussures, quincaillerie, industries électriques, union des syndicats du papier. Ce comité a tenu cinq séances au cours desquelles il a élaboré des statuts, et fixé son choix, d'après la proposition de M. Rébattet, sur le titre définitif, Union nationale inter-syndicale, dont les initiatives forment, de façon très heureuse, le mot UNIS ; je me plais à reproduire les paroles prononcées lors de la clôture de ses travaux par M. Drouets : « ... L'Union nationale inter-syndicale n'a plus qu'à se constituer. Elle trouvera dans vos travaux les éléments mêmes de sa création et la marque de ralliement qui authentiquera demain les produits français qui voudront profiter de cette garantie de nationalité. »

Voilà ce que peuvent obtenir des hommes d'action qui savent apporter leur concours éclairé à des œuvres d'intérêt général ; que chacun, dans sa sphère, les imite et les résultats en seront vite reconnus et appréciés.

A côté de ces grands dévouements et de ces nobles caractères, il est une catégorie d'individus absolument nuisibles dont le nombre s'est développé depuis quelques années d'une façon presque invraisemblable, ce sont les intermédiaires, ces parasites dangereux et néfastes, qui se recrutent dans le monde interlope, dont la rapacité n'a d'égale que l'insuffisance morale, dont la seule qualité, en admettant que ce puisse en être une, est l'aplomb le plus effronté.

Il va de soi que ce titre d'intermédiaire ne peut s'appliquer à ceux dont c'est la profession, tels les commissionnaires en marchandises ; ceux-là sont des commerçants parfaitement honorables, qui possèdent à l'étranger une nombreuse clientèle les chargeant d'effectuer des achats de marchandises les plus diverses, qu'ils ne peuvent ou ne savent faire directement ; ils ont rendu les plus grands services au commerce français, dont ils ont su, chaque fois que c'était possible, faire apprécier les produits.

Les voyageurs et représentants de commerce ne sauraient non plus être confondus avec les intermédiaires indésirables que je flagelle ici, car ce sont eux qui, au contraire, ont mission de développer la vente de nos produits.

L'intermédiaire utile et souvent indispensable est celui qui met en rapports l'acheteur et le vendeur qui, pour une raison commerciale, s'ignorent ou ne peuvent se rapprocher.

L'intermédiaire nuisible est au contraire celui qui, comme le reptile, se glisse dans toutes les affaires, use d'une influence souvent extorquée et utilise des relations qui valent généralement autant que lui, mais qui possèdent une situation leur permettant d'en tirer profit.

Les commerçants et industriels qui traitent des affaires d'une certaine importance connaissent à peu près tous ces *marchands d'influence* et ont dû souvent subir leurs exigences ; c'est *l'exploitation du producteur au profit de l'intermédiaire*, comme l'a dit si justement à la Chambre M. Colliard, à la séance du 17 décembre 1915, où il a qualifié les intermédiaires *d'armée de requins* (*Journal officiel*, pages 2170 et 2171).

Il importe donc au plus haut point de pourchasser tous ces malfaiteurs, et d'empêcher par tous les moyens ces chevaliers d'exercer leur coupable industrie ; si des sanctions pénales ne peuvent les atteindre, que chacun fasse sa police soi-même et démasque tous ces ravageurs.

C'est par le groupement et la centralisation que pourront seulement se développer en France comme à l'étranger le commerce et l'industrie du pays, c'est le rôle de chacun d'y coopérer dans la mesure de ses forces et de ses moyens en mettant au service de l'intérêt général, non seulement son intelligence et son dévouement, mais encore tous les principes d'idéal, de morale et de scrupuleuse honnêteté qui font la force des individus aussi bien que des nations.

CHAPITRE V

LA MAIN-D'ŒUVRE ET LE MACHINISME

Une des questions les plus délicates et les plus difficiles à régler, en économie sociale, est sans contredit celle de la main-d'œuvre et des rapports entre patrons et ouvriers.

A n'entendre que les partis extrêmes, il semblerait que les uns songent exclusivement à exploiter les travailleurs et à ne leur offrir que des salaires de famine ; que les autres ne cherchent qu'une augmentation exagérée et constante des salaires en même temps qu'une diminution progressive des heures de travail.

On doit bien se garder d'accepter comme exactes de telles exagérations, bien que, dans quelques cas, isolés, heureusement, ces faits aient pu être constatés.

Il faut, au contraire, pour étudier cette question si ardue, mettre chaque chose à sa place et rechercher, sans parti pris, mais méthodiquement, quels sont les devoirs des deux partis en cause.

Commençons par le patron : qu'il soit seul ou en société, ou même directeur, salarié lui-même, qu'il travaille avec ses propres capitaux ou ceux d'autrui, sa situation est exactement la même. Il a le devoir absolu de faire concourir à la prospérité de la maison tous les éléments productifs de sa richesse.

Et ces éléments sont nombreux, car ils se composent, non seulement du travail de son personnel, mais encore du sien propre ; et où se trouve le point le plus délicat, c'est précisément dans la valeur relative qu'il doit donner à chacun d'eux.

Peut-on admettre un salaire identique pour rémunérer le concours des manœuvres, des tourneurs, du contremaître, du comptable, de l'ingénieur, du directeur ; ce serait ridicule.

Les capitaux employés dans l'affaire sont également facteurs de la production générale ; ils ont droit à une allocation basée sur l'importance du concours qu'ils apportent à l'ensemble.

Toutes ces questions ne peuvent être solutionnées d'une manière uniforme, car elles se différencient profondément, selon les industries, et aussi suivant les régions ; il semble cependant qu'elles doivent, le plus souvent, suivre la loi de l'offre et de la demande.

En tout cas, il est bien certain qu'un travail facile trouvera toujours pour l'exécuter un personnel très nombreux, parce qu'il ne nécessite ni connaissances spéciales, ni habileté particulière, mais que le nombre des candidats diminuera progressivement s'il s'agit d'un travail fatigant ou dangereux, et que, dans ce dernier cas, les salaires offerts seront supérieurs à ceux qui pourront être attribués dans le premier.

Si nous pénétrons dans l'usine, nous constaterons qu'il y existe des modeleurs, des tourneurs, des ajusteurs, des outilleurs, etc. Là encore, s'il y a similitude de travail, il y a inégalité dans l'habileté, certaines pièces qui doivent être travaillées ne seront pas faites avec le même degré de précision et de fini par tous les ouvriers ; il convient donc, pour le contremaître responsable des travaux qui sont faits sous sa direction, de ne confier ceux qui exigent le plus de compétence qu'aux ouvriers susceptibles de répondre à ses besoins ; donc, ici encore, et toujours, de l'inégalité d'habileté et même de science doit résulter la différence de salaires.

Dans le même ordre d'idées, ceux qui participent à la partie administrative doivent aussi être différenciés suivant la nature des services qu'ils peuvent rendre, comptables, correspondanciers, facturiers, sténographes, prennent chacun leur rang et leur importance dans cette hiérarchie ; il est bien certain qu'un caissier qui a souvent le maniement de sommes importantes, et est responsable, tout au moins théoriquement, des erreurs qu'il commet, doit être traité sur un tout autre pied qu'un simple copiste ; vouloir créer une échelle des émoluments pour cette catégorie d'employés serait pure utopie, car, là comme partout, même à travail égal, il y a inégalité de capacités, sans tenir compte même de l'habileté.

Si, enfin, on considère le bureau des études, le laboratoire de chimie, et les autres services similaires, on aperçoit et pour les mêmes motifs des différences analogues.

Le travail personnel du patron a, lui aussi, une valeur, c'est la base même de l'édifice ; sans doute son intérêt personnel est en jeu, mais il se doit, comme à tous les ayants droit, un salaire approprié et proportionnel à l'effort qu'il donne, il est incontestable qu'il doit être supérieur à tous les autres, puisque c'est lui qui dirige et qu'il supportera presque seul les résultats d'une mauvaise direction.

Enfin, le rôle du loyer de l'argent utilisé dans la maison tient également une place considérable dans les éléments de la dépense globale ; si l'organisation est défectueuse, ou si une cause extérieure indépendante de la production industrielle vient changer en une perte un bénéfice sûrement acquis, le capital diminué devra chercher à se reconstituer, et cela, malgré que les autres forces auront produit des résultats heureux ; il faudra alors, en cas de perte, que capital et travail y participent dans des proportions sagement équilibrées, sans que l'un des deux seul soit grevé ; on peut objecter que dans ce cas, la perte incombe exclusivement au capital, puisque le travail n'y est pour rien ; cette opinion est très raisonnablement défendable et, à première vue, on serait tout à fait tenté de l'adopter ; cependant, et comme en toutes choses, il n'y a pas de droits sans devoir, et réciproquement ; si le capital, comme il le doit humanitairement, protège et favorise le travail, quand il y a bénéfice, il est nécessaire que le travail participe à son tour à une perte subie, malgré ses efforts, par le capital. Hors de cela, l'équilibre entre les deux forces est rompu, et c'est la règle de l'égoïsme ; il est à souhaiter vivement que cette plaie disparaisse progressivement.

Pour en terminer, tout au moins pour l'instant, avec ce côté de la barricade, il faut considérer que le rôle du patron ne doit pas être vu seulement par le côté financier ; il y a une autre chose qui compte et est d'une valeur immense, c'est la fonction morale qui lui est dévolue dans sa mission.

Il a d'autant plus d'autorité sur son personnel qu'il est en rapports directs avec lui, sans bien entendu diminuer l'autorité qui est dévolue aux chefs intermédiaires, mais en se tenant souvent en rapports directs avec ses ouvriers ; en s'intéressant personnellement à leur travail, il leur impose une confiance que rien ne peut remplacer.

De plus, et pour que son autorité soit acceptée sans contestation possible, il doit se montrer supérieur en toutes choses, savoir si les circonstances le demandent, prouver qu'il connait son métier, morigéner celui qui commet une faute professionnelle, et surtout quand il a, par mégarde, commis une erreur, ne pas craindre de le reconnaître et s'en excuser ; il acquiert ainsi, et à juste titre, une réputation de droiture et d'honnêteté qui font sa force morale, parce que, précisément, l'homme est droit de sa nature, et reconnait et apprécie la loyauté partout où il la rencontre.

Passons maintenant du côté de l'ouvrier. Celui-ci a discuté le prix de son travail, qu'il soit manœuvre ou ouvrier technique, sa conscience l'oblige à donner l'équivalence du salaire qu'il reçoit, c'est-à-dire à employer utilement son temps, sans négligence ni mauvaise volonté ; je ne parle, bien entendu, qu'en cas de paie horaire, et non autrement. S'il flâne, s'il sabote le travail qui lui est confié, comme cela s'est vu malheureusement, il commet ni plus ni moins qu'un vol, au même titre que le commerçant qui vend à faux poids. Et c'est ici que se place utilement la juste protestation contre les théories anarchistes de certains individus, fauteurs de désordres dont ils profitent, paresseux, incapables de travailler, qu'on doit assimiler à ces intermédiaires nuisibles que j'ai décrits dans le chapitre précédent.

Ces êtres abjects n'ont qu'une théorie qui se résume en ces mots : « Le patron c'est l'ennemi » ; sous prétexte de revendications sociales, qui sont autant d'utopies, ils entraînent les esprits peu solides à une croisade contre celui qui les fait vivre, et ceux-là ne voient pas que c'est le meneur qui, lui, vit, et bien, et que ce sont eux qu'il exploite.

Au rebut toutes ces excitations condamnables ; que tous les ouvriers, quels qu'ils soient, qui ont appris à la guerre que la fraternité des hommes n'est pas un vain mot, sachent bien que c'est de l'union commune, chacun à sa place, que dépend la prospérité de la nation et, par conséquent, celle de chaque individu ; qu'ils comprennent que tous ces orateurs de réunion publique, que le véritable travail effraie, soit parce qu'ils y sont inhabiles, soit parce que leur paresse est maîtresse de leur nature, que tous ces gens-là ne pensent pas un mot de ce qu'ils clament à tout venant, mais qu'ils font le jeu, et pas du tout gratuitement, de ceux qui espéraient pouvoir profiter de nos divisions sociales, et nous traiter en esclaves.

Chez l'ouvrier, comme partout, il y a l'homme consciencieux et travailleur, mais il y a aussi le paresseux et l'incapable ; sans doute tout homme a droit à la vie ; cependant, il n'y a pas de raison pour que celui qui est sobre et sérieux nourrisse l'ivrogne et le débauché.

Or, si on examine quelques-unes des revendications ouvrières qui supportent la discussion, on y trouve la trace d'une tendance très marquée contre le travail dit aux pièces, comme aussi d'une opposition très accentuée contre le développement du machinisme.

Étudions donc les raisons qui les motivent ; si le travail aux pièces est déconsidéré dans beaucoup de professions, c'est, dit-on, parce que seuls les ouvriers habiles en profitent, et que les autres sont éliminés, et par conséquent restent en chômage.

Si cela était bien exact, il n'y aurait qu'à féliciter

ceux qui ont émis cette théorie, car ce serait une des plus belles affirmations de la fraternité à laquelle je rends hommage plus haut.

Mais il n'en est pas ainsi, tout au moins à part quelques exceptions.

En effet, s'il existe, et c'est indiscutable, des degrés d'habileté parmi les ouvriers d'une même profession, il n'en est pas moins vrai qu'il y a des paresseux plus ou moins invétérés, et que ce sont ceux-là qui, comme par hasard, souvent en chômage, ont créé cette légende ; cela est tellement vrai que dans la plupart des industries mécaniques, tous les ouvriers travaillent aux pièces ; que dans le bâtiment, un grand nombre de spécialistes sont dans le même cas ; je citerai notamment les raboteurs de parquets, les colleurs de papier, peintres-fleurs et décorateurs, etc.

Suivant un autre argument, un peu plus valable celui-là, le travail aux pièces, par suite de son intensité, est nuisible à la santé de ceux qui l'effectuent ; cela est vrai dans quelques cas, mais en raison de l'importance du salaire qui en est le prix, l'ouvrier qui en bénéficie peut, et doit, avoir la sagesse de se donner le bien-être qui lui convient, et de pratiquer une hygiène salutaire, qu'il trouvera facilement dans la vie de famille et à meilleur compte que chez le débitant d'alcools frelatés.

D'ailleurs, et c'est un reproche collectif à adresser aux ouvriers ; en général et avec bien peu d'exceptions, ils ne se soucient pas assez de l'hygiène, conservent de l'atelier une négligence de tenue et même de langage qu'il leur serait cependant bien facile de réformer ; ils pensent, et le disent, que l'on reconnaît celui qui travaille à sa tenue, considérant l'impropreté comme un devoir social et un langage vulgaire comme un drapeau professionnel.

Quelle erreur et comment une tenue débraillée et des paroles grossières peuvent-elles être envisagées comme une supériorité quelconque ; bien au contraire, celui qui est poli et affable impose toujours le respect à ses concitoyens, c'est un devoir moral pour chacun de se ranger à cette manière d'envisager la vie ; cette grosse erreur provient de la crainte du ridicule ; pris séparément l'individu se comportera de façon convenable, mais dès l'instant que plusieurs sont réunis, le ton change, par crainte pour un isolé d'être ridiculisé, c'est à qui cherchera à faire pire. Cependant, cet entraînement néfaste pourrait facilement être enrayé si chacun s'en donnait la peine, je suis certain d'être dans le vrai, en affirmant que si un seul agissait en opposition avec les camarades, il ne tarderait pas à être suivi par d'autres qui attendaient cette intervention, et seraient aussi vite disposés à le suivre dans ce sens qu'ils étaient prêts à le faire dans le sens inverse.

Examinons maintenant les raisons avouées de l'opposition contre le développement du machinisme.

En même temps que la crainte de chômage pour un grand nombre d'ouvriers, on affirme que la machine, en faisant le travail de plusieurs hommes ou femmes, augmente les profits du patron, tout en diminuant les salaires.

Voici donc une base de discussion en deux parties qu'il est facile d'étudier ; je vais essayer de le faire.

Le premier argument est bien faible et bien mauvais, il est l'œuvre de ces gréviculteurs que j'ai qualifiés plus haut. Non, le patron n'est pas l'ennemi, c'est celui qui fait vivre, quelquefois tout un pays, et qui concourt par son travail, celui qu'on ne voit pas toujours, parce qu'il ne se montre pas, à la prospérité générale. Le véritable ennemi de l'ouvrier, c'est le fauteur de désordres, celui qui, par ses paroles mensongères et fielleuses, cherche à faire naître la haine là où devrait se placer la sympathie ; celui-là travaille pour son compte, à ne rien faire ; il suffit, pour en être convaincu, d'examiner et d'approfondir ce qu'il fait quand des grèves éclatent, et ce qu'il reçoit —, au moins visiblement — pour parler dans les réunions ; son auxiliaire le plus actif, parce que le plus intéressé, est le débitant d'alcool frelaté, dont l'excès, et même l'usage, est si nuisible à la santé des ouvriers qui se laissent entraîner sur cette pente.

Sans doute il est de mauvais patrons, dont le rôle n'est pas ce qui est souhaitable ; il est cependant présumable que ceux qui se trouvent dans ce cas assez rare, heureusement, modifieraient leur attitude s'ils savaient rencontrer, dans leur personnel, un esprit meilleur.

Il n'est pas absolument exact qu'une machine qui, par sa conception, peut remplacer un ou plusieurs ouvriers, soit, pour le patron, une source de bénéfices supplémentaires, et cela pour plusieurs raisons.

En premier lieu, cette machine que, presque toujours, il a étudiée personnellement, dont il a donné les plans ou pour laquelle il a fourni au constructeur les indications nécessaires, est pour ce motif le produit de son travail ; il en mérite la récompense.

De plus, c'est presque toujours un essai qu'il tente ; si ses prévisions ne se réalisent pas entièrement, son temps, et le prix souvent très élevé de l'organe qu'il a conçu, sont perdus pour lui.

Enfin, son ancien matériel qui représentait une somme élevée devient tout à coup sans valeur, son prix s'ajoute donc à celui du nouveau.

Toutes ces raisons ont une valeur qui échappe souvent aux ouvriers ; ils ne savent pas, ou ne veulent pas savoir ; elles ont cependant une importance assez grande pour qu'on soit forcé d'en tenir compte.

Examinons maintenant le deuxième argument : le perfectionnement du machinisme est une cause de diminution des salaires et fait craindre le chômage.

Il est bien évident que, pour celui qui ne se donne pas la peine de raisonner, il y a là une conception admissible ; mais si on examine les conséquences naturelles et forcées qui résultent de ce fait, on s'aperçoit bien vite que c'est exactement l'inverse qui doit exister.

En effet, l'industriel, qui expose des sommes parfois considérables à l'acquisition de machines susceptibles de donner un rendement supérieur, n'a qu'un but, abaisser son prix de revient ; or, pour y réussir, il est indispensable qu'une production suffisante lui permette de récupérer ce qu'il a dépensé ; il faut donc, mathématiquement, qu'il double ou triple sa production, tout en obtenant un prix de revient unitaire, au moins égal, mais surtout inférieur, à celui qu'il avait avant. C'est d'une logique absolue et indiscutable. Or, s'il double ou triple sa production, il lui faudra employer un nombre supérieur d'ouvriers, même en admettant qu'un seul soit utile là où deux ou trois étaient nécessaires.

Tout le monde trouvera son compte, aussi bien le patron, créateur des améliorations, responsable de la prospérité de sa maison, que l'ouvrier qui, à salaire égal, pourra trouver une diminution des heures de travail, et utiliser le temps disponible au développement de son bien-être, s'il sait en user sagement.

C'est d'ailleurs par le perfectionnement constant de son outillage que l'Allemagne est parvenue à réaliser des prix de revient très inférieurs à ceux des autres pays, et, par conséquent, à inonder le monde entier de ses produits.

A un autre point de vue, intéressant considérablement patrons et ouvriers, je cite l'ouvrage de M. Hauser, page 50 :

« M. Paul de Rousiers combat l'idée, naguère assez répandue en France, que la supériorité de l'industrie allemande tient aux bas salaires. En général, les hauts salaires sont au contraire le signe d'une organisation industrielle rationnelle et prospère. « Le taux des « salaires n'est nullement le prix de revient de la main-d'œuvre », lequel importe seul. En fait, le tisseur de Créfeld gagne plus que celui de Macclesfield, parce que les commandes sont plus importantes et plus régulières, les métiers plus perfectionnés. Inversement, si l'industrie cotonnière saxonne et silésienne paie de plus bas salaires que celle des Lancashire, elle est aussi moins prospère. M. Delloye dit aussi : « En pratique, dans un très grand nombre de cas, les salaires sont devenus plus élevés en Allemagne qu'en France. »

Il est encore sur ce chapitre un point à envisager. La guerre actuelle aura pour conséquence de créer des vides importants dans les ateliers ; ce sera le rôle de ceux qui reviendront, heureusement valides, d'aider leurs camarades qui, moins chanceux, auront laissé un de leurs membres sur le champ de bataille, leur rendant souvent impossible le travail auquel ils étaient accoutumés ; beau geste de solidarité et de vraie fraternité que celui-là ; en même temps qu'un hommage rendu à leur vaillance.

Qui donc mettrait en doute l'existence de cet élan de générosité qui accueillera les glorieux mutilés, alors que les bourses se sont déjà ouvertes toutes seules pour leur venir en aide, et que le comité qui s'est constitué a recueilli plus d'un million et demi, mélangeant le gros billet du riche au franc du plus pauvre.

Nul doute que patrons et ouvriers s'y emploieront, non seulement avec un ensemble parfait, mais encore avec la plus noble émulation.

Et le développement du machinisme y contribuera pour une très large part.

CHAPITRE VI

LA PARTICIPATION AUX BÉNÉFICES A LA PORTÉE DE TOUS

La participation aux bénéfices est une des questions les plus importantes en économie sociale, car elle est intimement liée à celle des salaires ; il est bien certain qu'une application heureuse de ce principe aura toujours pour conséquence de faciliter les relations entre employeurs et salariés.

En 1905, j'en ai fait une étude assez approfondie (*Comptabilité commerciale et participation aux bénéfices*, Dunod, éditeur), et j'ai eu le plaisir de constater, à plusieurs reprises, la mise en pratique des théories que j'y émettais ; les meilleurs résultats en ont été obtenus, et ont donné toute satisfaction aux bénéficiaires, aussi bien qu'aux patrons.

Pour apprécier sainement l'application du principe de la participation aux bénéfices, il faut tout d'abord constater que celle-ci peut, et doit, se comprendre sous deux formes essentielles, la participation intégrale et la participation limitée.

La participation intégrale s'entend par la répartition par l'employeur d'une part de ses bénéfices à une catégorie de travailleurs, pris, soit individuellement, soit en collectivité, soit aussi à une personne seule.

La participation limitée, au contraire, ne met à la disposition des bénéficiaires que la part qui leur est dévolue sur une partie des bénéfices généraux, ou même temporairement sur ceux que peut produire un travail spécial.

Ainsi donc, dans le premier cas, il n'y a à considérer que le coefficient qui sera adopté pour être réparti et le ou les bénéficiaires.

Dans le deuxième cas, les conditions d'attribution peuvent varier à l'infini. Je vais examiner séparément les avantages et les inconvénients des deux systèmes.

Participation intégrale. — La base même de la répartition étant le chiffre des bénéfices *nets* d'un exercice, il importe au premier chef que ceux-ci soient exactement établis. S'il s'agit d'une société par actions, anonyme ou en commandite, il n'y a pas de difficultés, car ils sont alors publics, discutés et adoptés par l'assemblée des actionnaires, et, sauf le cas de fraude, ils sont définitifs.

Mais si le patron est seul, ou même associé en commandite simple, la question se complique, car c'est lui qui établit son chiffre et l'annonce à l'intéressé sans que celui-ci puisse savoir comment il a été obtenu, et soit, en conséquence, admis à en discuter la composition.

Il est bien entendu que le participant, par sa qualité même, n'est pas gérant ; n'ayant pas à coopérer à la gestion, il ne saurait être admis à en supporter les charges, autrement il serait associé, ce qui n'est pas du tout la même chose.

Il doit donc accepter purement et simplement les chiffres annoncés, sauf, et en admettant que des conventions avec son patron lui en laissent le droit, à établir qu'il est lésé par un établissement erroné des bénéfices auxquels il a le droit de participer. C'est la discussion en justice avec toutes ses conséquences.

C'est un fait qui se produit souvent, et je vais en citer deux exemples ; ce sont des procès qui ont successivement été faits par des participants à leurs patrons, devant le Tribunal de commerce de la Seine et la Cour d'appel de Paris.

Dans le premier, il s'agissait d'un employé attaché comme représentant à une maison de commerce ; il avait versé une somme à titre de garantie, elle lui donnait droit, en dehors de l'intérêt normal, à une part de 5 0/0, puis 6 0/0 sur les bénéfices nets de la maison ; c'est ainsi qu'étaient rédigées les conventions intervenues.

Le patron, dont la bonne foi était susceptible d'être mise en doute, donnait, en fin d'année à son employé, une somme qu'il lui annonçait être sa part bénéficiaire, sans, naturellement, lui fournir les éléments de son inventaire et de son bilan ; cependant, grâce à l'indiscrétion d'un comptable, l'employé savait que les écritures n'étaient pas d'une régularité parfaite et que les inventaires semblaient fantaisistes.

Des discussions éclatèrent, en fin de compte, l'affaire fut portée devant le Tribunal.

Un arbitre fut nommé, avec mission d'examiner la comptabilité et de fixer les bénéfices annuels ; la discussion fut longue, car le patron se refusait à communiquer ses livres, il fallut un jugement spécial pour l'y contraindre, puis ce fut l'examen contradictoire, entre le patron, l'employé et l'expert ; il fut établi que les bénéfices exacts étaient assez éloignés de ceux qui étaient annoncés, que, notamment, il avait été compris dans l'exploitation commerciale des opérations spéciales qui avaient donné lieu, il est vrai, à des pertes, mais ne pouvaient diminuer les bénéfices généraux, base de la répartition convenue ; que le patron avait, depuis sa convention avec son employé intéressé, augmenté le chiffre de ses prélèvements au titre d'appointements, et, par ce fait, imputés aux frais généraux, etc.

Le Tribunal de commerce remit les choses au point ; cependant le jugement fut porté devant la Cour d'appel et celle-ci tout en confirmant le jugement annula le droit à un prélèvement d'appointements par le patron (je pense que cette théorie est très discutable).

Dans le deuxième cas, les parties en cause étaient un négociant commissionnaire-exportateur et son employé intéressé aux bénéfices généraux.

Pendant de longues années, les bilans accusèrent des bénéfices importants et les sommes auxquelles l'employé avait droit étaient portées à son crédit en compte courant portant intérêts. Cet employé, qui était un prévoyant, ne prélevait d'autres sommes que celles destinées à payer les primes d'une assurance sur la vie, assez importante, qu'il avait contractée, de telle sorte qu'il était en droit d'escompter l'époque où son assurance, arrivée à terme, ainsi que le capital important qui figurerait sur les livres, à son compte, à ce moment, lui permettraient de vivre sans crainte pour l'avenir et de laisser à ses enfants une belle succession.

Le patron mourut ; à ce moment, le compte courant de l'employé intéressé s'élevait à environ 200.000 francs ; il demanda alors aux héritiers le remboursement de cette somme ; ceux-ci, après avoir examiné la situation, eurent des doutes sur l'exactitude des comptes et offrirent de transiger sur la somme due. Après discussion et n'ayant pu se mettre d'accord, ils durent plaider ; mais par suite d'une fausse manœuvre des conseils de l'employé, le Tribunal d'abord, la Cour d'appel ensuite, ordonnèrent la liquidation de la maison. Ce fut un désastre ; l'actif, représenté presque exclusivement par des créances coloniales et étrangères, fut reconnu presque sans valeur et le passif y compris le compte courant de l'employé fut réduit, non seulement à zéro, mais encore rendu débiteur des prélèvements successifs qu'il y avait faits. Et il dut s'estimer très heureux qu'une transaction intervînt, par laquelle il était admis qu'il n'y aurait pas lieu à rapport, par lui, des sommes qu'il avait reçues. Le malheureux en mourut de chagrin quelque temps après.

On voit donc, par ces deux exemples, absolument authentiques, pris parmi une grande quantité d'autres, combien la participation intégrale est délicate et complexe dans sa réalisation.

Et on doit en conclure que, lorsqu'on désire mettre ce principe en application, il faut en fixer les conditions avec la plus grande précision, et notamment indiquer, avec les détails qu'ils comportent, le mode d'établissement des bénéfices, le taux des intérêts attribués au capital, l'importance des appointements du ou des patrons, le règlement des amortissements. Il faut également bien spécifier les conditions dans lesquelles les pertes éventuelles d'un exercice devront être admises en compensation des bénéfices ultérieurs, ainsi que la constitution des réserves.

Si on omet un de ces points essentiels, on ouvre la porte à des discussions et à des procès, ce qui est toujours cause de pertes pour les parties en cause.

D'ailleurs, beaucoup de patrons qui désirent faire

participer leur personnel à la prospérité de leur maison se contentent de leur attribuer, à la clôture de leur inventaire, une somme plus ou moins pourcentée, et ce, à titre *de gratification bénévole et sans qu'elle puisse servir de précédent ;* c'est dans beaucoup de cas la solution la plus recommandable.

En résumé, j'estime qu'il faut considérer deux cas où la participation intégrale est logiquement appliquée :

1° Pour le directeur général d'une maison, car c'est lui qui, il est vrai, exécute les ordres qui lui sont donnés, mais possède une certaine liberté d'action lui permettant d'obtenir de bons résultats ;

2° A l'ensemble du personnel, le faisant ainsi profiter de la prospérité générale à laquelle il a contribué selon les moyens d'action dont il dispose ; mais avec cette restriction que seuls, ceux qui y sont restés attachés pendant une certaine période auront droit à cette répartition, car ils auront démontré ainsi leur dévouement à la maison qui les fait vivre.

Et même, il serait sage que les sommes ainsi attribuées contribuassent à la constitution d'un capital indépendant, dont les parts individuelles ne pussent être remboursées qu'après un délai déterminé, ou converties en une rente viagère, reversible sur la veuve et les enfants des ayants droit.

Participation limitée. — C'est ici le domaine le plus vaste de la participation aux bénéfices, et l'imagination de chacun peut se donner libre cours.

Tout d'abord, il faut l'entendre par un complément de salaire ; c'est le cas le plus général, mais il faut aussi envisager que quelquefois, et la pratique indiquera que c'est souvent, cette participation sera un *gain absolu* pour les deux parties, patron et employés ;

c'est lorsqu'elle sera le résultat d'un bénéfice obtenu là où il semblait qu'il ne devait pas en exister, et ceci comme conséquence d'un travail fait avec économie ou rapidité ; le bénéfice est tiré du néant.

Je vais prendre quelques exemples de ce qui peut être fait et même de ce qui existe déjà.

Chef d'atelier. — Quelles que soient ses attributions particulières, un chef d'atelier a la direction d'un nombre plus ou moins important d'ouvriers ; il doit donc chercher à obtenir, avec le meilleur rendement industriel, une fabrication conforme aux usages et aux nécessités de la maison. Il est donc de toute logique qu'il participe aux bénéfices résultant de son travail et une part doit lui être réservée sur les différences existant entre les prix de revient prévus et ceux qu'il a obtenus. Pour éviter toutes contestations et surtout parfaitement préciser la manière de calculer les éléments constitutifs de ces bénéfices, une convention claire doit être rédigée entre les intéressés ; j'en ai donné un modèle dans le traité auquel je fais allusion en tête de ce chapitre, j'y renvoie le lecteur.

Dans un chapitre précédent, j'ai cité le cas d'un produit dont le prix de revient unitaire a pu être considérablement abaissé, grâce à une prime donnée à un contremaître ; le patron en a sensiblement bénéficié, le contremaître a été favorisé ; c'est donc là une preuve évidente des résultats excellents qu'on peut obtenir de l'application de la participation limitée.

Magasinier. — Dans un certain nombre de maisons, on considère un magasinier comme un rouage inutile ; c'est une grosse erreur, car ce modeste employé n'est autre que le caissier des marchandises et le patron, qui vérifie soigneusement les additions de son caissier d'espèces, doit donner autant de soins à ses marchandises qu'à ses billets et à son portefeuille commercial.

Un magasinier consciencieux est une réelle source d'économies dans toutes les maisons, car lui seul connaît exactement les existences en chaque matière, il saura toujours éviter les commandes excessives, et la non-utilisation des marchandises dont il a la garde. J'estime qu'il doit recevoir un programme exact, et que sa participation peut s'établir par une gratification annuelle, de laquelle il est fait déduction d'une amende par chaque contravention (voir également modèle de convention au livre précité).

Ouvriers. — La forme très usitée de participation existe sous le nom de travail aux pièces ; dans le chapitre précédent, j'ai expliqué les raisons de l'opposition que rencontre ce mode de rémunération dans certaines industries. Il n'en est pas moins vrai qu'il est très largement appliqué, et c'est justice. D'abord, parce que l'ouvrier, travaillant à l'heure, a forcément quelque tendance à se relâcher, c'est de l'égoïsme naturel, alors que, s'il est à son compte, il n'aura pas cette faiblesse, il cherchera, au contraire, à ne pas perdre un instant, et obtiendra ainsi un meilleur gain. Il va de soi que le travail aux pièces doit être rémunéré à sa valeur, et que sous prétexte d'habileté de l'ouvrier, et de l'augmentation des salaires qu'il reçoit, le patron ne doit pas chercher, sans cause, à diminuer les prix unitaires, ainsi que cela arrive quelquefois.

Il ne faut pas croire que les hauts salaires soient dangereux pour le patron, c'est une très grosse erreur ; j'ai expliqué précédemment ce qu'on doit en penser ; l'exemple de l'Allemagne et aussi de l'Amérique du Nord doivent nous éclairer utilement sur ce point.

En dehors de ces méthodes généralement appliquées, il peut être donné des participations spéciales aux ouvriers travaillant à l'heure, lorsque, notamment, un travail paraissant exiger, dans les prévisions, un temps déterminé, sera accompli plus rapidement.

Ainsi, dans le bâtiment, à l'exception de certains spécialistes, les ouvriers sont payés à l'heure, et, très souvent, on a constaté que leur travail est loin d'être rapide, les peintres, notamment, ont cette réputation, précisée par un dicton assez comique.

Or, si un entrepreneur estimant que la peinture d'un appartement exigera 100 heures de travail, par 4 ouvriers, soit 400 au produit, leur offre une prime de 50 0/0 sur l'économie de temps qu'ils auront réalisée (pour un travail bien exécuté naturellement), que le temps employé n'atteigne que 80 heures par exemple, ce qui n'a rien d'excessif, il en résultera un bénéfice spécial de 20 heures par homme, soit, sur la base de 0 fr. 90, 18 francs pour chacun d'eux qui recevra, ainsi, 9 francs, le patron aura, lui aussi, 9 francs de bénéfice par homme ; soit 18 × 4 = 72 francs, tirés du néant, car sans l'attribution de cette prime, ces 72 francs ne seraient apparus pour personne, ils seraient le prix de la flânerie.

Cet exemple pourrait être renouvelé à l'infini, c'est aux intéressés de s'en inspirer pour en faire l'application de la manière la plus large, chacun y trouvera son compte.

Je connais personnellement des chefs de maison qui ont mis en œuvre ces principes ; non seulement ils en retirent un bénéfice sensible, mais leurs affaires subissent une progression très marquée, leur personnel, recevant des salaires supplémentaires, s'en reconnaît très heureux et fait tous ses efforts pour assurer la prospérité de la maison.

Comptables. — Il semble, au préalable, que les comptables, et tous les employés administratifs qu'on comprend généralement sous cette appellation, n'ont aucun motif de recevoir une participation spéciale aux bénéfices qu'ils font obtenir par leur travail ; c'est là encore une erreur.

Pour un certain nombre de personnes, les comptables sont, sinon des rouages inutiles, au moins des éléments de dépenses improductives ; tout en reconnaissant qu'ils ne peuvent les supprimer complètement, ils s'efforcent de diminuer, dans la mesure la plus large, le travail qui leur incombe, pensant ainsi réduire utilement leurs frais généraux. Il est bien évident qu'ils ont raison, ceux-là qui considèrent que la comptabilité proprement dite doit exclusivement leur fournir la situation des comptes de leurs clients, mais où commence l'inexactitude de leur raisonnement, c'est en ne voyant pas, ou en ne voulant pas voir, qu'une bonne et sérieuse comptabilité doit leur donner autre chose ; qu'elle doit, par des statistiques et des comparaisons, leur faire connaître la marche générale de leur maison, les renseigner sur leurs prix de revient, leurs frais généraux, et leur permettre de rectifier les erreurs d'administration ; la dépense que cette organisation rationnelle peut nécessiter se trouve largement compensée par les économies qu'elle permet de réaliser, et les enseignements qui en découlent.

Si donc les comptables sont fonction personnelle dans ce résultat, il semble qu'ils doivent retirer leur part des bénéfices ou des réductions de dépenses qu'ils contribuent à obtenir.

Le caissier devra profiter de la rectitude de la tenue de sa caisse, le comptable des clients de la rentrée des fonds dus par ceux-ci, de l'exactitude qu'il aura apportée à établir des relevés corrects et à les faire encaisser ; par contre, il subira personnellement la répercussion des dépenses inutiles qu'il aura occasionnées, par des créations irrégulières de traites, ou des erreurs de lieux ou de dates de paiement.

Le facturier, le vérificateur des factures de fournisseurs, seront également utilement intéressés, dans le sens positif comme dans le sens négatif, par les erreurs qu'ils auront commises ou celles qu'ils auront constatées.

C'est à l'initiative et à l'intelligence de chaque chef de maison que sont dévolues les applications de ce système ; on n'en peut tirer une loi générale, parce qu'il y a presque autant de façons différentes de l'appliquer qu'il existe de cas d'application.

Charretiers. — Pour qui emploie des voitures de livraison, ce n'est pas une surprise d'apprendre que la cavalerie ne vaut, d'une manière presque absolue, que ce que valent les conducteurs. Un cocher, connaissant son métier, apprécie les qualités et les défauts des animaux qu'il emploie, il sait utiliser les uns et corriger les autres, surtout leur évite la brutalité bestiale.

Il suffit d'une statistique bien établie pour relever les résultats et savoir si les charretiers sont à la hauteur du rôle qui leur est confié ; le nombre des journées de travail et de repos, surtout les notes de vétérinaires, sont des éléments probants ; il faut, comme conclusion, se débarrasser des incapables ou des brutaux et favoriser les autres.

Garçons de magasin, manœuvres. — Bien que les services de ces modestes employés ne se traduisent pas par des bénéfices immédiatement réalisés, il ne s'en suit pas qu'ils ne puissent pas être producteurs, ils peuvent, soit éviter des dépenses inutiles, soit faire de leur temps un emploi judicieux ; à ceux qui ont la tâche d'assurer la propreté d'un magasin, de ne pas gaspiller les fournitures nécessaires, de contrôler le poids ou les quantités des livraisons par les fournisseurs ; à ceux qui effectuent des manutentions de marchandises, de procéder avec les précautions suffisantes afin qu'il ne puisse rien se perdre ou se détériorer en cours de route, etc.

Là encore, comme toujours, l'homme adroit, et surtout scrupuleux, doit trouver la récompense du soin qu'il aura apporté à sauvegarder les intérêts de son employeur.

Il me paraît inutile de pousser plus loin cette énumération, je pense avoir suffisamment démontré que dans toutes maisons et quelle qu'en soit l'importance, chacun peut, et doit, concourir, même pour une fraction minime, à sa prospérité ; que, bien que ne faisant ainsi que son devoir d'honnête homme, il doit en recevoir une récompense spéciale, indépendante du salaire normal ; comme contre-partie, un chef de maison devrait absolument se priver des services de ceux qui, en ne se plaçant pas dans la même situation, témoignent pour le moins de leur indifférence, car celle-ci, à la première occasion, se transformerait rapidement en une hostilité plus ou moins déguisée.

CHAPITRE VII

LE CRÉDIT A LONGUE ÉCHÉANCE L'EXPORTATION

En France, le crédit à longue échéance s'entend pour les paiements qui ne sont effectués qu'au delà de 90 jours, cela en raison de ce que la Banque de France n'admet à l'escompte que les traites ayant, au maximum, trois mois à courir. Il en résulte que le crédit à longue échéance est rarement pratiqué commercialement.

Il n'en est pas exactement de même des créances civiles, pour lesquelles certains commerçants font à leur clientèle des conditions spéciales ; ce sont celles-là que je vais tout d'abord examiner.

Il existe, en nombre toujours croissant, des maisons où se vendent au public des objets les plus divers, le paiement s'en effectuant en bons de crédit ; ces bons sont délivrés à tous ceux qui en font la demande, et peuvent fournir les garanties nécessaires pour leur remboursement, par fractions hebdomadaires ou mensuelles.

D'autres maisons acceptent en paiement des traites échelonnées sur une période qui quelquefois dépasse une année.

Tout naturellement, le prix normal des marchandises

payables à long terme subit une majoration sensible ; certaines maisons déclarent qu'elles vendent au même prix qu'au comptant, alors que d'autres indiquent l'augmentation appliquée qui varie de 3 à 10 0/0 suivant la longueur du crédit.

Il va de soi qu'il faut, en tout état de cause, tenir compte de l'intérêt de l'argent, et des risques de pertes qui sont assez sensibles, quelque précaution que puisse prendre le vendeur.

On peut penser que les achats à crédit ne devraient être utilisés qu'en raison de circonstances exceptionnelles, alors que ces opérations sont au contraire d'une pratique courante; est-ce un mal, je ne veux pas ici discuter cette question, je la pose seulement ; je pencherais cependant pour l'affirmative dans la plus grande partie des cas, car, l'achat à tempérament de beaucoup de marchandises, notamment des articles de luxe, a pour résultat d'obérer le budget familial plus qu'il ne devrait l'être, il a souvent pour conséquence aussi de créer une mentalité regrettable lorsque le remboursement des mensualités est devenu difficile.

Il a été fait, il y a quelques années, les mêmes opérations pour la vente de valeurs mobilières et surtout d'obligations à lots ; elles ont donné lieu à de tels abus, qu'il a été nécessaire de les réglementer ; les bénéfices considérables que les vendeurs retiraient de ce commerce ayant ainsi en partie disparu, ils ont cessé leur industrie ; ceci a tué cela.

Dans un autre ordre d'idées, et ceci s'applique à une classe plus fortunée que celle qui achète meubles et vêtements à tempérament, le crédit à long terme existe aussi, mais sous une autre forme.

Les fournitures de luxe, vêtements, bijoux, etc.,

sont payés très irrégulièrement et souvent fort longtemps après leur livraison ; il en est également de même pour les travaux effectués pour un propriétaire, réparations dans un immeuble, aussi bien que fourniture de tentures dans un appartement.

Il y a là une grosse erreur économique, car ce mode de procéder est toujours une gêne pour le commerce en général, le vendeur sait que son client, presque toujours fortuné, lui laissera attendre longtemps le règlement de son compte, il est tout naturellement enclin à majorer ses prix ; c'est assez juste, car il s'agit toujours de sommes importantes, et, dans ce cas, l'intérêt de l'argent est facteur très sensible.

Il serait grandement désirable que les personnes qui paient irrégulièrement, et surtout tardivement, comprissent que c'est non seulement leur intérêt particulier, mais encore l'intérêt collectif, qui pâtit de cette manière de faire, et que le grand mouvement des espèces est une source de prospérité générale, parce que les échanges sont rendus plus fréquents.

C'est simplement pour eux une question d'économie domestique ; elle a sa réelle importance dans toutes les familles, quelles que soient leur fortune et l'importance de leurs revenus.

J'étudierai tout spécialement dans le chapitre suivant la question très complexe du règlement du prix des travaux dans le bâtiment en général.

Si j'envisage le crédit à longue échéance dans les questions purement commerciales, je suis amené à constater que la question se place d'une façon tout à fait différente, et qu'il y a de nombreuses espèces qui exigent des solutions très variées.

Dans le commerce pur et simple, les ventes se font

le plus généralement à 30 jours de fin de mois de livraison, elles sont payables par acquits à présenter à une date déterminée par l'acheteur, quelques-uns demandent 60 et même 90 jours, mais c'est plutôt exceptionnel, les vendeurs ont une tendance très marquée à s'y refuser, et elle s'accentuera certainement encore dans l'avenir. Ils paraissent avoir raison quand il s'agit de marchandises d'une vente courante, dont le renouvellement est facile, car l'éloignement de la date de paiement indique généralement une situation financière difficile ou une gestion administrative insuffisante.

Mais il en va tout différemment lorsque les objets sont de vente plus irrégulière, ou nécessitent un approvisionnement important ; là, le crédit peut et doit être plus long, tout au moins théoriquement ; dans le cas contraire, il y aurait, pour le commerçant acheteur, nécessité de disposer de capitaux considérables qui l'obligerait à majorer sensiblement son prix de vente, et rendrait alors ses opérations plus difficiles.

Il est bien évident que ce raisonnement peut se retourner en envisageant la position du vendeur qui doit fabriquer, et attendre plus ou moins longtemps la rentrée de ses fonds.

Mais l'industriel possède, en général, un fonds de roulement plus important que le commerçant détaillant, et c'est presque une règle constante que celui-ci soit favorisé, sur ce point, au détriment de celui-là.

De plus, le fabricant, malgré tous les aléas qu'il doit subir, cherchera toujours, s'il est réellement intelligent, à diminuer des prix de revient, pour augmenter parallèlement sa production dont il a tout intérêt à assurer l'écoulement ; toute la question qui se pose est de connaître la valeur réelle de son client, et de ne lui consentir de crédit que s'il est assuré que sa confiance est bien placée.

Le problème se pose avec une amplitude considérable si l'on doit l'appliquer à l'exportation.

Chacun sait le développement formidable que l'Allemagne a su donner à son commerce extérieur.

Les autorités de ce pays n'ont rien négligé pour aider les négociants à obtenir l'introduction de leurs marchandises sur tous les marchés étrangers, qu'ils ont fini par inonder de leurs produits, à des prix et des conditions de paiement avec lesquels les Français ne pouvaient rivaliser.

Comment ce résultat a-t-il été obtenu? Par l'adoption de différentes méthodes, les unes émanant de l'État, les autres des banques, des industriels et des commerçants eux-mêmes.

L'État a favorisé le commerce d'exportation par l'attribution de primes aux marchandises fabriquées sortant du territoire et en favorisant, dans la mesure la plus large, les compagnies de navigation.

Les banques ont consenti des crédits à très longue échéance, dont elles étaient couvertes par du papier sur les pays étrangers, auxquels elles l'escomptaient ensuite (voir chapitre IX, la réforme bancaire).

Enfin, les commerçants et industriels, grâce à une pénétration méthodique, se donnaient la peine de rechercher les acheteurs, en les faisant visiter par leurs voyageurs, s'enquéraient de leurs besoins et de leurs désirs, et s'efforçaient toujours de les satisfaire. Sans doute, leurs produits étaient souvent inférieurs aux produits français, mais dans beaucoup de centres, ils étaient les seuls qu'on puisse acquérir ; aussi les prix étaient avantageux et plus encore les facilités de paiement. En raison principalement de leur organisation générale, ils étaient très exactement renseignés sur la valeur morale et financière de leurs acheteurs, et ne consentaient les longs crédits qu'à bon escient et sur garanties sérieuses ; d'ailleurs leur organisation bancaire leur permettait d'assurer sur place le remboursement de leurs créances.

L'ouvrage de M. Henri Hauser que j'ai déjà cité plusieurs fois explique, avec tous les détails qu'ils comportent, les causes et les résultats de cette expansion économique, j'y renvoie le lecteur désireux d'étudier à fond cette question.

Je ne veux en retenir que les leçons dont nous devons savoir profiter.

J'ai dit, dans le premier chapitre, que l'étatisme ne paraît pas devoir s'imposer en France, mais il faut bien comprendre que c'est comme direction absolue des mouvements que le rôle de l'État doit être rejeté ; bien au contraire, nous devons lui demander de nous protéger dans nos initiatives, c'est là le rôle des Chambres de commerce ; étudiant toutes les questions commerciales et industrielles, aussi bien à l'intérieur qu'à l'extérieur, elles peuvent et doivent diriger le mouvement qui nous rétablira à la place que nous aurions toujours dû occuper ; elles possèdent les moyens d'action suffisants, et réunissent dans leur sein les compétences nécessaires ; notre seul et immense tort a été de les laisser parler dans le désert, de ne tenir aucun compte des avertissements qu'elles ont prodigués.

Les Chambres syndicales, soit prises séparément, soit par les Unions qu'elles ont constituées, ou constitueront dans l'avenir, formeront la liaison entre cequ'on pourrait dénommer le Grand Conseil Économique de France, et tous les intéressés.

Mais pour exporter, et qu'on ne l'oublie pas, le crédit à long terme est obligatoire pour les ventes à l'étranger, il faut deux choses essentielles, produire en excédent et posséder des crédits en banque.

Quelques-uns disent que, pour beaucoup d'articles, la fabrication suffit à peine à la consommation française et qu'il est inutile de songer à exporter.

C'est là une grave erreur d'appréciation, car, seule, l'exportation fait la richesse d'un pays, et on doit, au-dessus de tout, transformer en or, ou en crédits à l'étranger, ce qui est la même chose, tout ce qu'il est possible d'y envoyer : produits du sol ou produits manufacturés, tout l'excédent de la consommation nationale doit être exporté, et pour y parvenir, tous les moyens, honnêtes naturellement, doivent être employés. Vérité économique qu'on ne répétera jamais assez, car, malheureusement, il est encore beaucoup de personnes qui l'ignorent.

Prenons, comme exemple théorique, une grande ferme exploitée par une seule famille, elle produit des céréales, de la vigne, fait l'élevage des animaux. Le blé qu'elle récolte servira à fabriquer le pain nécessaire à la nourriture, les bestiaux trouveront sur son sol leur alimentation, et donneront leur chair pour le même objet ; la vigne fournira le vin pour ses habitants, etc.

Si on admet que la production terrienne soit exclusivement réservée à la consommation de la colonie, il ne rentrera pas d'espèces chez celle-ci ; comment, et avec quoi, achètera-t-elle les objets qui lui seront nécessaires, vêtements, instruments aratoires, etc. Et en admettant même qu'elle vende dans la limite de ses besoins d'achat, comment s'y prendra-t-elle en présence d'une récolte déficitaire, partielle ou totale ? Ce serait la ruine et la misère.

Pourquoi en serait-il autrement dans la nation que dans cette ferme, théorique, il est vrai, mais qui est cependant une possibilité de comparaison ?

Et n'avons-nous pas eu un exemple frappant de cette vérité, depuis le début de la guerre ; obligés d'importer une grande quantité de choses qui nous manquaient, nous ne l'avons pu faire, sans trop de pertes, que grâce à nos réserves d'or ; le mouvement patriotique qui s'est si généreusement développé dans le deuxième semestre de l'année 1915 a démontré que beaucoup de Français, ignorant ce raisonnement, l'ont rapidement compris.

L'histoire nous explique comment la richesse de certaines nations s'est considérablement accrue ; il y a quelques siècles, l'Espagne était considérée comme la nation tenant le premier rang sur ce point ; elle avait bénéficié surtout, par l'occupation de l'Amérique, de l'or et de l'argent qui s'y rencontraient à l'état natif ; actuellement, ce même pays a beaucoup perdu de son ancienne splendeur, principalement parce qu'il a dû exporter ses métaux précieux pour acheter à l'étranger, alors qu'il ne produit pas suffisamment et ne peut exporter.

Par contre, l'Angleterre doit sa supériorité financière, tout à la fois au développement de ses colonies, lui fournissant en quantités énormes les richesses de leur sol, et à l'exportation formidable qui lui est facilitée par la puissance de sa flotte commerciale ; cependant elle est tributaire d'autres nations pour beaucoup de matières qu'elle ne peut trouver chez elle, et dont sa consommation est considérable.

Tous nos efforts doivent donc tendre, en profitant des leçons du passé, à développer notre commerce d'exportation, d'abord par une production de plus en plus intense, et en évitant le renouvellement des erreurs commises. Il ne faut pas dire : je ne fabrique que ce genre d'articles, c'est bien supérieur ; non, il faut être renseigné sur ce qui peut être apprécié et vendu dans tel ou tel pays ; il faut le fabriquer, en lui conservant, dans la mesure du possible, le caractère national ; il faut aussi savoir ce qui se produit chez nos voisins, et éviter qu'ils soient mieux renseignés que nous-mêmes sur tous les débouchés utilisables.

Ensuite, il est indispensable que nous soyons assurés que les fonds nécessaires ne nous feront pas défaut, car, en raison des longs crédits qu'il sera indispensable de consentir pour obtenir l'entrée de beaucoup de marchés étrangers, il existera un capital immobilisé considérable, il augmentera toujours en raison directe du développement des opérations ; sur ce point, il y aura lieu à transformation sensible des conditions bancaires et des mauvaises habitudes existant actuellement ; j'étudierai tout spécialement ce qui pourra être fait dans ce sens aux chapitres IX et X.

Les moyens d'expansion nécessiteront aussi une modification sensible des anciens usages ; autrefois et un peu par apathie, les industriels français ne se préoccupaient guère de rechercher des débouchés à l'étranger ; ils ne faisaient rien, ou à peu près, pour les solliciter, confiants dans la supériorité de leurs produits ; ils attendaient l'acheteur ; celui-ci ne venait pas pour l'excellente raison que d'autres allaient chez lui.

Sans s'éloigner sensiblement des frontières de France, je citerai l'Espagne, notre voisine, comme une des nations recevant en plus grande quantité les marchandises allemandes ; dans ce pays, depuis la guerre, il y a une grande quantité d'usines qui ont dû fermer leurs portes, parce qu'elles ne recevaient plus d'Allemagne les matières servant à les alimenter.

J'extrais d'un rapport adressé, le 2 avril 1915, à l'Office national du commerce extérieur par la Chambre de commerce française de Madrid, les lignes suivantes :

« Quoique les capitaux allemands employés dans les affaires industrielles soient bien inférieurs aux capitaux anglais, belges et surtout français, l'importance des transactions allemandes est proportionnellement bien supérieure, ainsi que la prépondérance qu'ils ont acquise dans la marche d'affaires commerciales, industrielles, minières et métallurgiques.

« Un des motifs de cette différence, en apparence invraisemblable, est la prudence avec laquelle sont, en général, engagés les capitaux allemands, dont le seul but est de contribuer à faciliter les transactions commerciales, en évitant presque toujours les affaires de spéculation proprement dites.

« En second lieu, la prépondérance que cherchent à posséder les maisons allemandes sur les grosses affaires n'exclut pas pour elles l'idée pratique d'attirer la coopération financière technique et administrative du pays ; nombreuses, au contraire, sont les affaires mises presque entièrement entre les mains d'un personnel espagnol, quoique toujours sous la haute direction allemande.

« Il faut également tenir compte de l'avantage des prix de vente obtenus par la spécialisation des industries et la division de la main-d'œuvre, donnés par les négociants ou constructeurs allemands, avantages qui entraînent presque toujours la balance en leur faveur, comparativement aux offres émanant d'autres nations dont les prix, la dureté des conditions de paiement, il faut bien le dire, la pauvreté des renseignements techniques et commerciaux dénotent une étude superficielle et un manque complet de connaissance des habitudes et besoins locaux. »

« *Ventes à consignation.* — Parmi les nombreux moyens employés pour développer la pénétration allemande, nous citerons le système de vente à crédit avec consignation, qui s'établit généralement de la manière suivante :

« Une firme allemande, grâce à sa publicité ou à ses voyageurs, lie des relations avec une maison d'importation établie en Espagne. Elle obtient une première commande qui est livrée aux conditions usuelles du commerce allemand : versement d'un tiers à la commande, un autre tiers à la remise des documents d'expédition, et le solde à 90 jours du second versement.

« La maison espagnole satisfaite de la première opération fait une nouvelle commande ; si cette maison est digne d'un bon crédit, elle reçoit, en même temps que les documents d'expédition de cette seconde affaire, une proposition émanant du négociant allemand, lui offrant l'envoi d'un stock important de marchandises choisies entre les modèles de vente courante, en consignation et aux conditions suivantes :

« Le client acquittera, à la réception, les frais de transport et de douane, et recevra les marchandises en consignation durant 6, 9 ou 12 mois, s'engageant à satisfaire le premier tiers au fur et à mesure de leur expédition par la remise d'une traite acceptée à 90 jours, et la liquidation définitive aura lieu au bout du temps convenu, 6, 9 ou 12 mois par traites échelonnées à 60, 90, 120 jours.

« Une telle proposition est généralement acceptée sans hésitation.

« La maison allemande, en possession d'un semblable contrat de vente de marchandises en consignation, le communique à son banquier en même temps que les renseignements concernant le consignataire. La banque, après avoir contrôlé ces renseignements, ouvre (à intérêts légaux ou bien avec contre-partie de traites acceptées), un crédit au négociant, lequel crédit sera liquidé définitivement aux mêmes échéances que celles convenues avec la firme étrangère. »

Il est ensuite expliqué les avantages qui résultent de cette combinaison. Pour le fabricant allemand, *il force sa vente, s'assure un nouveau débouché, réduit sensiblement les immobilisations de capitaux*, et surtout lie intimement *ses intérêts* à ceux de son client, en incitant celui-ci à donner dans ses ventes la priorité aux articles pour lesquels il a acquitté les frais de transport et de douane ; enfin, il crée un mouvement en faveur du développement graduel de toutes les industries allemandes.

De plus, il est tout spécialement recommandé aux intéressés d'agir directement, soit par eux-mêmes, soit par l'intermédiaire de maisons spécialisées dans une branche déterminée à l'exclusion de soi-disant commissionnaires, dont la variété des offres « donne l'impression de l'universalité, et par conséquent, sans doute, de l'incompétence ».

Et le rapport conclut en ces termes :

« S'il est peu facile d'indiquer d'une manière générale les moyens de substituer l'influence française à l'influence allemande, parce que les moyens varient avec chaque industrie, et même avec chaque spécialité, les Chambres de commerce françaises à l'étranger paraissent tout indiquées, chacune dans leur région, pour donner des avis précis et désintéressés sur toutes les questions qui leur sont soumises.

« Il est même permis de regretter, à ce sujet, que les commerçants français n'aient pas compris tout le parti qu'ils pouvaient tirer de ces organismes composés de gens rompus aux choses de la finance, du commerce et de l'industrie de leur région, y possédant des relations et en connaissant les coutumes, et dont l'unique récompense serait de constater l'emprise et le développement de notre commerce et de notre industrie auxquels ils auraient pu contribuer pour le plus grand profit des intéressés, en particulier, et de notre cher pays, en général. »

J'ai choisi cet exemple parmi un grand nombre d'autres, car il m'a paru mettre le mieux en lumière le principe que je préconise, le rôle considérable que remplissent les Chambres de commerce et la place importante qu'il convient de leur réserver dans notre plan de réorganisation ; il faut les suivre dans la voie qu'elles nous ont toujours tracée, et surtout entendre leurs conseils ; elles sont et surtout seront pour la France ce que l'État a été pour l'Allemagne.

CHAPITRE VIII

PROPRIÉTAIRES ENTREPRENEURS ET ARCHITECTES

Dans le chapitre précédent, j'ai souligné l'erreur économique commise par les personnes qui retardent considérablement le paiement de leurs dettes non commerciales ; il est surtout une branche où cette erreur devient un fléau social, c'est dans le règlement des comptes d'entrepreneurs de bâtiment.

Là, c'est l'arbitraire ; il n'est pas rare de rencontrer des mémoires soldés au bout de dix ans ; sans doute, un bon nombre de propriétaires effectuent leurs règlements assez rapidement, mais c'est plutôt l'exception, et le crédit moyen, fait par les entrepreneurs, dépasse largement une année.

Pour essayer de corriger cette fâcheuse coutume, il faut remonter aux causes qui l'ont amenée, et on doit reconnaître que propriétaires, entrepreneurs et architectes ont des torts à peu près identiques ; c'est ce que je vais expliquer.

Chacun sait que pour un travail, même de minime importance, l'entrepreneur, qu'il soit serrurier, plombier ou peintre, se croit obligé d'établir une facture détaillée, dans laquelle il décompte séparément tous les travaux qu'il a effectués ; c'est là un usage qu'il serait bien difficile de modifier ; cependant il ne viendrait pas à l'idée d'un tailleur d'énumérer et chiffrer sur sa facture la surface du drap et des doublures qu'il a employés pour la confection d'un vêtement, le nombre de boutons qu'il y a placés, la longueur du fil nécessitée par les coutures, etc. Il donne un prix global, et c'est assez naturel ; pourquoi le serrurier qui a réparé un verrou de sûreté explique-t-il qu'il l'a déposé, puis huilé, puis reposé, qu'il y avait tant de vis à retirer et replacer, etc. Cela est bien simple et s'explique de soi : il présente de cette façon un total bien supérieur à celui qu'il obtiendrait par un simple énoncé de son travail.

Et, ce qui est à retenir, c'est que, en cas de contestation, la facture ainsi établie serait authentiquée, car elle est basée sur la série des prix applicables aux travaux du bâtiment.

Il y a encore une autre chose aussi bizarre, l'établissement de mémoires *en demande*, c'est-à-dire, dont les prix indiqués par la série sont majorés d'un quart ; lorsqu'ils sont vérifiés par l'architecte, celui-ci très consciencieusement rétablit, à l'encre rouge, les prix ainsi transformés, et les ramène à ceux exacts, de telle sorte que le total, en demande, se trouve réduit, en prix net, à 80 0/0 de celui-ci, en vertu de cette formule arithmétique très simple :

$$100 + \frac{100}{4} = 125 ; 125 - \frac{125}{5} = 100.$$

Ces procédés sont à peu près universellement connus, et peu de personnes ignorent comment sont établis les mémoires en demande ; cependant, il en existe encore, celles-ci sont agréablement surprises lorsque, le travail n'ayant pas été vérifié par un architecte, l'entrepreneur leur fait d'office la réduction du cinquième sur le total, elles pensent que c'est une gracieuseté de sa part, alors qu'il n'en est absolument rien.

Ces usages ont une histoire.

Autrefois, les entrepreneurs facturaient à leurs clients le prix du temps passé par les ouvriers et leurs fournitures ; leur bénéfice résultait de la différence de base des salaires, et des remises qu'ils obtenaient sur les matériaux.

Ou encore, ils augmentaient le prix principal d'un pourcentage pour leurs faux frais et bénéfice ; quelquefois ils liaient ces deux calculs.

Il est encore pratiqué ainsi dans certaines régions. Cette manière d'opérer donna lieu à de nombreux abus, le temps indiqué sur les factures était souvent majoré ; d'autre part, des propriétaires contestaient le travail effectué et l'utilisation judicieuse des heures annoncées.

On imagina alors la création d'une *série de prix ;* elle fut établie par des architectes qui évaluèrent le temps et les marchandises nécessaires pour effectuer un travail, ramené, suivant sa nature, au mètre cube, carré ou linéaire, ou à la pièce, avec adjonction d'un supplément pour faux frais et bénéfices.

Sur cette base, il suffit donc de détailler les différentes parties du travail exécuté pour en connaître le prix de vente.

Généralement, le propriétaire assez mal renseigné sur les détails très complexes du mémoire établi ainsi a recours à son architecte pour en effectuer la vérification ; celui-ci a donc charge, non seulement de reconnaître la concordance entre les prix indiqués et le travail fait, mais encore de s'assurer de l'exactitude des mesures et des calculs et surtout de l'exécution réelle des travaux facturés.

Or, tout l'art de l'entrepreneur, et notamment du métreur, spécialiste en la matière, consiste à savoir *bien présenter* un mémoire, c'est-à-dire à user de tous les articles que lui fournit la série de prix pour en élever sensiblement le total, sans que l'architecte vérificateur puisse en contester les éléments. Il décomposera ainsi, avec tous les détails possibles, le nettoyage d'une serrure, ou d'un fourneau, la réparation d'une persienne, etc. ; il calculera la surface d'une porte ou d'une fenêtre à peindre de façon à lui faire produire le maximum ; tous ces éléments étant en quelque sorte codifiés, l'architecte est obligé de les accepter, sauf le cas où il apprécierait qu'ils ne sont pas justifiés.

Les propriétaires, n'ignorant pas ces méthodes, en ont pris prétexte pour obtenir, sur les prix de règlement, par leur architecte, un rabais de leurs entrepreneurs, il varie actuellement de 5 à 30 0/0. Ceci semble logique, mais ce qui l'est moins, c'est que les paiements sont généralement très éloignés, cela constitue une charge supplémentaire pour ceux-ci.

L'origine de l'usage consistant à établir des mémoires en demande, c'est-à-dire majorés de un cinquième, n'est pas exactement précisée.

L'initiative en a-t-elle été prise par les entrepreneurs désireux de paraître consentir un rabais sur le prix demandé ? Sont-ce les architectes, voulant démontrer aux propriétaires qu'ils ont pris la défense de leurs intérêts, qui ont imposé cette mesure, et prouvé par là que le mémoire a été si sérieusement examiné qu'une différence importante est constatée entre le total initial et le prix de règlement ; l'un et l'autre sont possibles, et il est même probable qu'un accord est intervenu entre architectes et entrepreneurs sur ce point.

Deux arguments sont donnés pour maintenir cette coutume bizarre ; les architectes disent qu'en opérant de cette façon, la réfection de tous les calculs devient indispensable, ce qui est une garantie pour les deux parties en cause, car des erreurs de produits peuvent être commises dans les deux sens ; c'est pour cela qu'ils exigent que les mémoires qu'ils sont appelés à vérifier soient établis sur cette base.

Cependant, il arrive très fréquemment que certains comprennent, parmi les prix majorés, des prix nets ; les mémoires de peinture sont souvent dans ce cas, les fournitures de papier peint, surtout, sont décomptées à prix de facture du marchand ; et il en est fait mention au total général ; ce ne doit donc pas être là un motif bien sérieux.

Le deuxième argument est également fourni par les architectes, il a un peu plus de valeur.

Pour la grande majorité des propriétaires, disent-ils, la vérification du mémoire a pour principal objet d'en diminuer le total ; s'il *ne descend* pas, ils estiment que l'architecte n'a pas fait sérieusement son travail, ou qu'il est incapable ; donc si le mémoire est calculé aux prix réels, et que le travail soit sérieusement exécuté, il n'y aura aucune différence entre le prix demandé et le règlement. Alors, dira le propriétaire, à quoi sert l'architecte ? Mais il y a mieux ; un architecte reconnaît qu'un entrepreneur a commis une grosse erreur matérielle à son préjudice, et la rectifie ; de ce fait, le prix de règlement devient supérieur au total demandé. Le propriétaire furieux lui adresse de violents reproches, lui déclarant que puisqu'il ne défend pas mieux ses intérêts, il les confiera à d'autres. L'histoire est authentique. Est-il utile de mettre en parallèle leur honnêteté réciproque.

On voit, par ce qui précède, combien ces usages, bizarres à première vue, s'expliquent quand on en recherche les causes, et qu'il semble bien difficile de les proscrire.

Cependant propriétaires et entrepreneurs ne sont pas aussi divisés sur cette question qu'on pourrait le croire, et il existe une tendance très marquée à traiter à forfait dans beaucoup de cas.

Quand ils conviennent de faire ainsi, l'entrepreneur établit un devis des travaux à exécuter, présenté comme un mémoire, et il n'y a plus qu'à baser le taux du rabais à y appliquer ; on obtient ainsi généralement un chiffre arrondi.

Si l'avantage ne paraît pas appréciable au premier examen, il existe cependant très réellement pour les deux parties en cause : le propriétaire sait, de façon précise, ce qu'il obtiendra et le prix qu'il paiera, ainsi que les dates d'échéances, lesquelles doivent toujours être fixées dans cette convention. L'entrepreneur connaîtra par avance l'importance de son travail, pourra, en conséquence, prendre ses dispositions, tant pour la distribution du personnel nécessaire que pour ses achats en marchandises, s'efforcera par des moyens appropriés de diminuer le prix de revient qu'il a dû prévoir ; enfin, possédant la certitude des dates de paiements, en fera état dans ses recettes futures.

Aucun de ces avantages, notamment pour l'entrepreneur, ne peut exister lorsque le travail est fait aux conditions ordinaires, car, il y a toujours imprécision, aussi bien dans l'exécution matérielle que dans les encaissements, ce qui est facteur important dans le bâtiment.

La crise des loyers, causée par la guerre, a amené une perturbation considérable dans la propriété immobilière ; il est fort probable qu'elle ne pourra pas être conjurée rapidement, car le taux de l'argent, si bas pendant longtemps, s'est subitement élevé ; les valeurs mobilières seront, pour une période, peut-être longue encore, préférées aux immeubles.

Les nombreuses modifications de situation auront pour conséquence, presque forcée, des changements de locataires amenant une diminution progressive du prix des appartements, beaucoup de propriétaires verront leurs maisons désertées, et subiront, du fait de ces vacances, un abaissement sensible de leurs revenus.

Il est donc de leur intérêt le plus immédiat de modifier dans la mesure du possible, et à leur avantage, des usages dont l'inutilité tout au moins est démontrée.

Parmi ceux-ci, il faut proscrire l'établissement des mémoires en demande ; mais pour cela il faut que les propriétaires sachent bien que l'entrepreneur est un marchand comme un autre, et que si sa facture est exacte, elle doit lui être payée intégralement, que même, s'il lui arrive de se tromper à son désavantage, il faut le lui signaler, c'est là tout simplement une règle élémentaire de probité.

Il faut aussi qu'ils comprennent exactement que l'architecte est l'homme de science dont le rôle n'est pas spécialement de prendre la défense de leurs intérêts, mais consiste à apprécier la valeur du travail exécuté, c'est surtout un arbitre entre les parties ; de ce fait, il doit être impartial et équitable.

Il faut surtout que les propriétaires établissent leur budget et équilibrent recettes et dépenses, aussi bien qu'un commerçant ; ils ne doivent pas retarder le paiement des sommes dont ils sont redevables pour les travaux qu'ils font exécuter, car de deux choses l'une, ou bien ils ont des recettes correspondantes, et alors ils en feront emploi, ou bien celles-ci n'existent pas, et ils ne peuvent loyalement commander.

Les architectes, de leur côté, s'emploieront utilement auprès de leurs clients pour leur faire connaître et apprécier ces vérités, les initieront mieux qu'ils ne l'ont fait jusqu'ici sur les modalités des travaux ; mais ils contribueront, pour une très large part, à diminuer la longueur des crédits et à faciliter les règlements, en opérant avec plus de rapidité la vérification des mémoires qui leur sont soumis ; il n'est pas rare de constater qu'il existe, dans certains cabinets, des dossiers ayant plusieurs années de date, c'est là une pratique des plus condamnables, car c'est au préjudice des entrepreneurs qui attendent sans motif plausible la rentrée de sommes quelquefois importantes, et les place dans une situation financière délicate ; c'est au détriment, également, des propriétaires qui, désireux de payer, ne peuvent le faire, ignorant ce qu'ils doivent, et dont la révélation, en bloc, est souvent désagréable et grève malencontreusement leur budget.

Quant aux entrepreneurs, ils remettront leurs mémoires dès que le travail sera terminé ; ils éviteront ainsi les trop longs délais de paiement, leur situation financière en bénéficiera.

Mais surtout, ils devront s'efforcer d'apporter dans l'ex[illegible]tion des travaux qui leur sont confiés, un souci toujours plus grand de bonne exécution ; ils surveilleront mieux leur personnel, notamment lorsque celui-ci est placé dans des lieux difficilement accessibles ; ils éviteront par toutes les mesures que leur suggérera leur intelligence l'inactivité proverbiale des ouvriers ; ils obtiendront de cette façon des prix de revient inférieurs aux prévisions admises, en tireront un bénéfice personnel, et y feront participer, sous les meilleures formes qu'ils estimeront, tous leurs collaborateurs.

CHAPITRE IX

LA RÉFORME BANCAIRE

L'examen du rôle passé des banques et de celui qu'elles vont être appelées à remplir dans l'avenir nécessite une étude assez développée, car le crédit a toujours été, et sera, de plus en plus, indispensable à notre commerce et à notre industrie.

Pour produire en quantités importantes, et développer notre exportation, il faut que nous soyons assurés d'un appui financier très solide et que nous possédions des capitaux considérables ; ceux-ci ne manquent pas dans notre pays, mais il faut savoir les utiliser et ne pas, soit les laisser inactifs, soit les employer inefficacement.

Le grand régulateur du crédit français est la Banque de France, dont le privilège, renouvelé en 1897 pour une longue durée, consiste essentiellement à émettre des billets payables à vue.

Elle consent des avances sur lingots et sur titres mobiliers, fait l'escompte et l'encaissement du papier de commerce et opère des virements de fonds dans la plupart des villes de France.

Toutes ces opérations sont faites à des conditions peu onéreuses, et sur des bases très sérieuses de prudence et d'honnêteté.

Elle fait, de plus, des avances au Trésor, conformément aux lois qui ont consenti son privilège.

Un sage équilibre est maintenu entre le chiffre de circulation de ses billets et les valeurs qui en forment la représentation et la garantie ; son bilan est publié chaque semaine, de telle sorte qu'à l'étranger, le billet de la Banque de France conserve la valeur de l'or.

Cependant, la Banque de France, bien qu'ouvrant ses guichets au public, n'est pas pratiquement outillée pour lui ; malgré de nombreuses et importantes améliorations apportées, surtout depuis la guerre, à ses différents services, elle reste encore, pour les profanes, une administration peu abordable, en raison de certaines coutumes un peu antiques qui, par contre, font sa force.

D'autre part, l'escompte du papier de commerce par la Banque de France est presque interdit à nos commerçants, car elle exige, en plus de certaines garanties, que les effets qui lui sont remis pour cet objet comportent trois signatures ou, à défaut de la troisième, que celle-ci soit remplacée par un dépôt de valeurs de tout premier ordre ; il est donc de toute nécessité d'avoir recours à un intermédiaire, le banquier.

Bien entendu, même avec trois signatures, la Banque n'accepte pas tout le papier ; elle possède un Conseil d'escompte qui vérifie la valeur des tireurs et des tirés, et refuse impitoyablement les signatures indésirables.

Le nombre des banquiers intermédiaires s'est, depuis un demi-siècle, considérablement accru, et il faut, parmi ceux-ci, placer les grandes sociétés de crédit ; elles ont peu à peu ouvert des succursales dans toutes les villes, et, en raison de cela, ont à peu près accaparé l'escompte du papier de commerce.

D'autre part, ces établissements reçoivent en dépôt, remboursables à vue, et moyennant un tout petit intérêt, les sommes que rentiers aussi bien que commerçants et industriels ne veulent pas conserver chez eux, elles ont ainsi constitué une encaisse qui a atteint des chiffres formidables.

Grâce à cet appoint, elles pouvaient facilement faire, par leurs propres moyens, l'escompte commercial, et n'avaient recours à la Banque de France que pour les excédents nécessaires.

Elles ont de ce fait réalisé des bénéfices très importants, en même temps qu'elles ont facilité les opérations bancaires au petit et au moyen commerce, aussi bien qu'aux grandes industries.

C'était là la principale raison de leur création ; le grand nombre de leurs succursales, l'importance, tant de leur capital propre que des dépôts temporaires ou à échéance qui leur étaient faits, leur permettaient de servir les intérêts particuliers, aussi bien que de participer au développement des opérations commerciales à l'étranger.

Pourquoi ont-elles voulu y adjoindre d'autres affaires dont le résultat a été néfaste pour le pays ; je n'en chercherai pas la raison, me bornant à constater un fait indiscutable, qui n'a pas échappé aux gens clairvoyants, ainsi que les citations suivantes le prouvent :

Du Crédit populaire urbain, par M.-H. Pensa, vice-président de l'Office social, Lyon, A. Storck et Cie éditeurs, avec préface de M. Justin Godart, 1906. Page 4 : « Or, pour les établissements de crédit, tant qu'ils ont lutté entre eux pour mieux servir leur clientèle, tant que leur développement a correspondu à l'emploi des fonds disponibles de notre pays, j'estime qu'ils ont rendu de véritables services ; à partir du jour où ils ont dû, pour continuer la perpétuelle ascension de leur chiffre d'affaires, s'adresser non plus aux capitaux des rentiers à placer, mais aux capitaux des industriels, des commerçants, que ceux-ci, avec raison, jusque-là, avaient plutôt confiés à des banques locales, où le coefficient de la valeur personnelle du client était mis en ligne de compte pour les ouvertures de crédit à faire, ils ont pris un développement qui, à mon sens, n'est pas favorable au progrès du commerce et de l'industrie. »

Page 6 : « Mais ces établissements, avec leurs disponibilités colossales, pourraient venir en aide au commerce et à l'industrie, doit-on penser sans doute, et la preuve, c'est qu'il en est ainsi en Allemagne, où la Deutsche Bank, au capital de 160 millions de marks, ne craint pas d'immobiliser 50 millions de marks en commandites industrielles et commerciales. En France, il n'en est pas ainsi, et le plus grand établissement de crédit n'ose pas avoir un portefeuille de titres dépassant, au 31 décembre 1905, 5 millions ! Que peut-il donc faire de ses disponibilités ? Il les place en comptes courants. Où cela ? Aux mains d'autres banques puissantes, et d'une solidité égale à la sienne, mais ayant, comme celle que nous venons de citer, un principe différent, celui de favoriser les affaires industrielles et commerciales du pays où elles sont. Ainsi l'épargne française, centralisée dans les grands établissements de crédit, par eux, à Paris, va faire fructifier des maisons d'industrie et de commerce étrangères par l'intermédiaire des banques étrangères, en comptes courants avec ces établissements de crédit français. Ces maisons d'industrie et de commerce étrangères, fortifiées par les disponibilités qu'elles trouvent dans leurs banques nationales, créent des succursales à l'étranger, viennent dans nos propres villes fonder des maisons concurrentes aux nôtres, organisent des industries qui ne sont étrangères que par l'intelligence qui les dirige et les mains qui les détiennent, car elles sont faites avec des capitaux qui souvent viennent de l'épargne française, passée par plusieurs jeux d'écriture de la localité où elle a été patiemment économisée à Lyon, à Paris, de là à Francfort, Berlin, Anvers ou Londres, pour revenir à Paris ou à Lyon comme commandite d'une succursale d'une maison allemande, belge ou anglaise. »

Ceci date de dix ans, voici qui a été publié en 1915 : *Les méthodes allemandes d'expansion économique*, ouvrage déjà cité. Page 76 : « Ce papier, en raison de l'acceptation du banquier, devient négociable. Il est même, s'il s'agit d'une banque connue, négociable à l'étranger. C'est ainsi qu'on verra tel négociant, à qui les banques françaises auront refusé du crédit, en trouver en Allemagne ; et la traite sur la banque allemande sera escomptée par ces mêmes banques françaises qui avaient d'abord évincé le négociant. »

Et en renvoi : « Voici, d'après la Chambre syndicale des machines à imprimer (*Société d'encouragement*, 1915, t. I. page 33), le mécanisme de l'opération : dans cette spécialité, la concurrence a créé de longs crédits de 24, 36, 60 mois. L'imprimeur achète une machine de 10.000 francs, payable en 50 mois, remet au vendeur 50 traites de 200 francs. Celui-ci les remet en nantissement à la banque, plus une traite de 10.000 francs acceptée par lui-même. La banque, à l'échéance, remplace la traite de 10.000 francs par une nouvelle de 9.400 francs (elle a encaissé 3 traites de 200) ; puis 3 mois plus tard, une de 8.800, etc. Elle réescompte ces traites successives aux établissements français, qui les escomptent à 5, 5 1/2, ou 6, avec l'argent à 1 0/0 qu'elles tiennent de leurs déposants. »

Conférence de M. l'abbé Wetterlé, à l'Assemblée générale du Touring-Club, le 5 décembre 1915.

Bulletin du T. C., page 13 :

« Pourquoi nos banques s'obstineraient-elles à éparpiller l'or français dans des entreprises étrangères, au lieu de le mettre à la disposition de compatriotes judicieux et entreprenants ? (*Vifs applaudissements*).

Ainsi donc, on arrive à cette constatation irréfutable : l'argent français, quand il n'était pas exporté, employé à des affaires étrangères plus ou moins sérieuses, servait à escompter les traites tirées par les Allemands sur nos industriels et nos commerçants ; en un mot, c'est nous-mêmes qui fournissions aux Allemands les fonds leur permettant de venir nous concurrencer chez nous.

On ne peut, pour l'instant, que regretter profondément que, non seulement de telles opérations se soient faites, mais encore aient été possibles ; la leçon est sévère, elle doit être utile. Nous ne pouvons pas en admettre le renouvellement, et pour cela nous devons examiner les mesures à prendre.

On doit, tout d'abord, distinguer entre les banques de dépôts et les banques d'affaires ; les unes recevront les fonds disponibles, et les emploieront en opérations d'escompte à courte échéance, de façon à rendre leur actif facilement mobilisable. C'est le rôle des autres de s'intéresser au commerce et à l'industrie, en y employant leur propre capital ; de constituer des affaires sérieuses, et sans majoration exagérée, auxquelles le capitaliste pourra utilement s'intéresser ; ces affaires développeront considérablement l'industrie nationale et favoriseront l'exportation.

Il faut éviter la confusion des risques, et ne pas admettre, ainsi que cela s'est fait, que les mêmes banques, qui reçoivent en dépôt le trop-plein momentané des coffres-forts, soient autorisées à en faire un emploi néfaste, soit par des souscriptions aux emprunts exotiques, où le capital engagé subit toujours une dépréciation sensible, soit par l'escompte du papier étranger.

Le résultat de ces manières de faire s'est signalé de lui-même, pendant les cinq premiers mois de la guerre ; le moratorium qui a été consenti aux banques était devenu nécessaire par l'impossibilité où elles se trouvaient de réaliser une partie de leur actif, immobilisé on peut soupçonner comment ; cela a eu pour conséquence immédiate une gêne considérable pour tous ceux qui n'avaient pas pris en temps utile les précautions indispensables.

Il en est résulté que les clients des banques ont conservé contre elles un ressentiment assez vif, et sont délibérément décidés à modifier complètement la modalité de leurs opérations bancaires.

Les conversations nombreuses que j'ai eues avec beaucoup d'intéressés m'ont amené à étudier la possibilité de création d'un organe, nouveau en France, car il est très utilisé en d'autres pays, notamment en Italie, en Suisse et en Allemagne, la Banque corporative.

Dès novembre 1914, j'avais remis à M. Rebattet,

président de la Chambre syndicale de la quincaillerie, une note sur cette question, M. Rebattet étant l'une des personnes les mieux qualifiées pour cet objet ; elle fut déposée à la séance de la Chambre du 11 décembre.

Un groupement parallèle, la Fédération métallurgique française, s'empara de l'idée, et son organe officiel, *la Quincaillerie française*, dans son bulletin de mai 1915, annonçait (page 56) qu'elle faisait étudier un projet de banque corporative.

Voici le texte de ma proposition initiale, publié dans le même organe, bulletin de juillet 1915, page 125 :

« Après les déboires causés par le rôle des grandes banques dans la crise actuelle, il semble indispensable de créer un nouvel organe financier dont le but et l'objet unique seront *la banque*, c'est-à-dire que cet organe devra servir de trait d'union entre commerçants et industriels et la Banque de France.

« Créer cet organe sous la forme de société mutuelle doit paraître l'idéal, car ce serait en éloigner tous ceux qui n'y ont pas d'intérêt direct, et réserver les bénéfices de l'exploitation aux seuls consommateurs.

« C'est donc la forme de société anonyme, à personnel et capital variables, qui s'impose, avec admission des actionnaires soumise à l'agrément du Conseil d'administration, et toutes ses conséquences, notamment la possibilité de démission, l'exclusion, le capital de chaque adhérent servant de garantie, etc.

« Si, en général, les banques coopératives n'ont pu se créer et fonctionner en France, c'est parce que leurs adhérents possibles ne se sont recrutés que parmi les commerçants ou industriels de petite importance, et que les facilités que semblaient accorder les grandes banques en faisaient apparaître l'inutilité ; l'exemple

actuel établit nettement l'erreur commise. A l'étranger, et notamment en Italie, les banques coopératives sont nombreuses et très florissantes.

« Pour aboutir à la création d'une grande banque coopérative, il est bien certain qu'il sera nécessaire, pour les promoteurs de l'idée, d'apporter beaucoup de dévouement et même de désintéressement. Cependant, il semble que leur tâche doive être singulièrement simplifiée par le concours que pourront leur apporter les Chambres syndicales et les Chambres de commerce, tant à Paris qu'en province.

« Et, en raison des conditions qui devront nécessairement être imposées aux adhérents, au point de vue de la solvabilité et de l'honorabilité, il semble que la qualité d'actionnaire de cette banque, qui pourra et devra même être publiée, sera d'un certain poids moral.

« Le fonctionnement de cette banque devra être limité à l'escompte du papier de commerce, à l'ouverture des comptes d'avances, et à la domiciliation des traites.

« Le capital initial lui servira de garantie pour le réescompte à la Banque de France, il s'augmentera successivement, tant par les bénéfices réalisés que par une retenue faite sur chaque bordereau d'effets ; et aussi il sera possible de créer des obligations pour augmenter le fonds de roulement.

« A ces opérations bancaires initiales, il y aura lieu d'ajouter une nouvelle branche que la transformation future des opérations commerciales va nécessiter.

« En effet, il sera nécessaire de prévoir les crédits à longue échéance qui ne seront pas susceptibles d'être traduits par des effets escomptables à la Banque de France ; la Banque coopérative devra donc les conserver en portefeuille si elle les a acceptés à l'escompte. Or, il est certain que des impayés se présenteront, et que leur recouvrement pourra quelquefois être laborieux, sinon impossible.

« Dans ce cas, il y aura un avantage considérable à se garantir par une assurance mutuelle ; le paiement d'une prime établie judicieusement, suivant la nature du papier et l'éloignement de l'échéance, permettra à l'intéressé de ne rien perdre, en cas de non-paiement, au moyen de ce sacrifice minime.

« Cette assurance pourra encore être étendue à tous les risques commerciaux, mais toujours sous la forme mutuelle.

« Le Conseil d'administration de la banque devra être choisi parmi les sociétaires les plus grandement intéressés ; il devra être assisté d'un Conseil d'escompte, indépendant, dont le rôle sera identique à celui qui existe à la Banque de France ; ses décisions seront sans appel et n'auront pas à être justifiées. »

Pour rendre possible l'exécution de ce projet, il est nécessaire d'examiner les prescriptions imposées par les lois aux sociétés de cette nature.

Les sociétés à capital variable sont soumises au même régime légal que les autres sociétés, sauf sur les points suivants :

1° Elles doivent stipuler, dans leurs statuts, que le capital est susceptible à la fois d'augmentation par des versements successifs faits par les associés ou l'admission d'associés nouveaux, et de diminution par la reprise totale ou partielle des apports effectués (Loi du 24 juillet 1867, art. 48, § 1) ;

2° Le capital ne peut être porté, par les statuts constitutifs, à une somme supérieure à 200.000 francs ; il peut être augmenté, mais par fractions annuelles ne pouvant dépasser cette même somme (art. 49) ;

3° Les actions restent perpétuellement nominatives, et il suffit du versement du dixième sur chacune pour que la société puisse valablement se constituer (art. 50 et 51) ;

4° Les statuts doivent déterminer une somme au-dessous de laquelle le capital ne pourra être réduit, elle ne peut être inférieure au dixième du capital (art. 50) ;

5° L'associé qui cesse de faire partie de la société reste tenu pendant cinq ans, envers les associés et envers les tiers, de toutes les obligations existant au moment de sa retraite (art. 52).

La faible importance du capital imposé aux sociétés de cette nature rend assez difficile la constitution d'une banque par un groupement important ; d'autre part, sous la forme de société anonyme de droit commun, il est à peu près impraticable d'appliquer la déchéance d'actionnaires susceptibles de radiation. Il y a donc lieu d'examiner ce qu'il est pratique de faire, en l'état actuel de la législation en matière de sociétés.

Voici ce qui me paraît possible :

A. Constituer, dans chaque groupement syndical, une banque dans laquelle, seuls, les adhérents seront admis à demander leur admission ; elle prévoirait un capital modeste, 100.000 francs par exemple, divisé en petites coupures de 25 ou 50 francs libérées d'un dixième, avec autorisation pour la première assemblée générale constitutive de le porter, au courant de la première année, au maximum de 200.000 francs imposé par la loi ; également, prévision des augmentations annuelles suivantes.

Un groupe initial, sagement choisi, servirait de noyau à la société, ou encore, après étude et enquête faites par une commission, la banque pourrait se constituer, en laissant toutefois, dans la fixation du capital, la marge utile à l'admission de nouveaux membres.

Les statuts devraient prévoir la fusion avec des banques similaires, sous condition expresse que les formalités d'admission et d'exclusion soient soumises aux mêmes règles que celles qu'elle impose à ses adhérents.

Cette prévision ayant pour objet, au cas où la législation serait modifiée, en ce qui concerne le capital de ces sociétés, de permettre la centralisation des banques créées en vue du même objet.

Il importe absolument que, non seulement les statuts soient très sévères sur l'admission des membres ainsi que sur les motifs d'exclusion, mais encore qu'ils soient rigoureusement appliqués ; en dehors des principes absolus de loyauté et d'honnêteté, aucune société coopérative ne peut prospérer, de trop nombreux exemples le prouvent.

En raison de la modicité de son capital, il sera nécessaire que la Banque se constitue un fonds de roulement d'autant plus important que ses opérations se développeront ; elle le pourra faire ainsi : constitution de réserves individuelles par la retenue, sur chaque bordereau d'effets, d'un pourcentage minime, 5 0/0 par exemple ; émission d'obligations, pouvant être souscrites par des non-sociétaires, leur garantie résidant dans l'encaisse et le portefeuille de la banque.

B. Comme conséquence de la création de banques séparées, constitution, sous la forme anonyme de droit commun, d'une Banque centrale ; elle aurait pour unique objet de réunir les opérations bancaires des différentes coopératives, et les administrant d'une manière uniforme, d'en assurer la liaison intime ; on obtiendrait, de cette façon, tout en respectant les textes légaux, une force massive qu'il serait difficile de réaliser autrement.

Cette banque centrale n'aurait pas la faculté réservée aux coopératives de modifier son capital par l'exclusion de certains de ses membres ; cependant, constituée sous les auspices de groupements particuliers, elle devrait, dans son conseil, les représenter tous, proportionnellement à leur importance respective.

Elle devrait, également, faire appel au concours de nombreux banquiers de province ; ceux-ci, en grande majorité, connaissent bien leurs clients, leur consentent souvent de longs et importants crédits, parce qu'ils savent que leur confiance est bien placée, et qu'ils tiennent essentiellement compte de leur valeur personnelle.

Enfin, le papier à escompter à la Banque de France recevrait un nouvel endos qui, en de nombreux cas, rendrait inutile la formule de l'acceptation, bien souvent désagréable pour le débiteur.

Il y aurait lieu aussi, dans les statuts de cette banque, de prévoir la forme essentiellement nominative, même en cas de libération intégrale des actions, et de soumettre les transferts à l'agrément du conseil d'administration ; cela empêcherait l'admission d'actionnaires inconnus ou nuisibles.

Enfin, et c'est une considération dont il faut tenir compte, il serait possible de prévoir que, en cas de décès d'un actionnaire d'une des coopératives, ses héritiers directs pourront y conserver leurs intérêts, sous forme d'une participation dans la banque centrale.

Il est bien évident que, dans le cas où une modification serait apportée à l'article 49 de la loi du 24 juillet 1867, toutes ces sociétés pourraient et devraient se confondre en une seule ; c'est une éventualité que leurs statuts devront prévoir, bien que la réalisation puisse s'en faire attendre pendant longtemps, à moins que le vote du Parlement n'en soit obtenu comme dans l'espèce que j'ai signalée dans un chapitre précédent.

Sans nul doute, la question est complexe, et on doit l'étudier très sérieusement avant de prendre une décision définitive ; ce travail se poursuit, et il aboutira certainement, car les hommes de volonté et d'initiative ne nous font pas défaut, quoi qu'on puisse en penser ; en agissant en vue de l'intérêt général, ils ne négligent pas le leur, qui est facteur direct de l'autre.

CHAPITRE X

L'UTILISATION NATIONALE DES CAPITAUX

Les Français, en général, possèdent une qualité essentielle, ils sont économes ; à quelque classe de la société qu'ils appartiennent, il est remarquable de constater combien ils défendent énergiquement leur capital, notamment s'il est le prix de leur travail. De certaines régions, le Centre surtout, les paysans viennent à Paris s'y employer à toutes sortes de métiers ; ils amassent, sou par sou, une petite somme qu'ils emploient dès leur retour au pays natal à acheter un petit coin de terre ; ils l'exploiteront alors et leur vie future est à peu près assurée.

L'ouvrier des villes, quand il est sérieux et sobre, il y en a plus qu'on ne le suppose, emploie de préférence ses économies à l'acquisition de valeurs à lots, dans l'espoir, presque toujours déçu d'ailleurs, que la chance le favorisera.

Le rentier, le propriétaire, celui qui ne possède pas exclusivement des immeubles, recherchent les placements sûrs, dont l'intérêt est modeste, mais où le risque de perte du capital est presque nul ; cependant, nombreux sont ceux qui se laissent convaincre par les réclames pompeuses, et l'insistance de leurs banquiers, pour acquérir certaines valeurs que les lanceurs d'émission proposent au public.

Bien peu sont ceux qui accorderaient même un peu d'attention à des affaires industrielles, sérieuses et honnêtes, désireuses de trouver les capitaux nécessaires à leur création et à leur développement.

En France, à l'exception de quelques capitalistes éclairés, dont le nombre est fâcheusement trop restreint, les masses se désintéressent absolument des affaires industrielles nationales.

Cela tient à plusieurs causes.

Tout d'abord, celui qui ne dispose que d'un petit capital craint avant tout de le voir diminuer en l'employant dans une affaire qu'il ne connaît pas, ou dont le fonctionnement échappe à sa compétence ; il préfère les bonnes obligations de chemins de fer, car le titre qu'il reçoit lui représente quelque chose de palpable ; il a voyagé, il a pu reconnaître l'existence des gares, des wagons, et il sait que c'est ce matériel qui forme la garantie du titre qu'il possède ; l'intérêt est petit, c'est vrai, mais c'est *sûr*.

Cela est tellement exact que dans les successions de province, quand l'actif comporte des titres de chemins de fer, ce sont, au moins sept fois sur dix, exclusivement ceux de la Compagnie qui dessert la région.

Mais aussi, ce petit capitaliste est souvent naïf.

S'il a une maladie, ou croit l'avoir, il acceptera comme véridiques les annonces de produits qui doivent le guérir, et il ne manquera pas d'y avoir recours. De même, quand son journal financier, car il est toujours abonné à une feuille de ce genre, cela coûte si peu, et souvent il la reçoit gratuitement, quand son journal avec force chiffres et détails lui aura affirmé et démontré que telle ou telle valeur est de tout premier ordre, qu'elle va donner des dividendes magnifiques, et considérablement monter, alors adieu la prudence, il croit ce qui est écrit, et s'empresse de vendre ses bonnes obligations pour acheter le titre prôné.

Le résultat, naturellement, ne concorde pas avec les promesses faites, et il déplore amèrement son excès de confiance... jusqu'à ce qu'il recommence ! Et il est d'autant plus enclin à recommencer qu'il espère retrouver dans une autre affaire la partie du capital qu'il a laissée dans la première. C'est le joueur qui veut se refaire. D'ailleurs, avec beaucoup de perspicacité, les établissements lanceurs d'émissions prenaient le soin de sérier les placements qu'ils offraient au public, c'est ainsi que nous avons vu successivement se présenter : affaires industrielles françaises, compagnies d'assurances, banques, fonds d'États étrangers, de l'Amérique du Sud notamment, obligations de chemins de fer étrangers, mines d'or et de diamants, valeurs industrielles étrangères, emprunts balkaniques, etc.

De toutes ces valeurs, bien peu ont pu maintenir leur cours d'émission, d'autres ont, sinon disparu, tout au moins occasionné la perte d'une grande partie du capital employé ; quelques-unes, toutefois, ont progressé, on les rencontre surtout parmi les valeurs industrielles françaises.

On conçoit qu'après ces échecs successifs, les rentiers soient assez mal disposés, en général, à s'intéresser à des affaires nouvelles, et qu'ils préfèrent revenir à leurs anciens usages, ce en quoi ils n'auront pas tort si les usages des banques devaient se perpétuer.

Ce que le public ignore presque totalement, ce sont

les méthodes employées pour lancer une émission. Voici comment on y procède :

Lorsqu'il s'agit d'un emprunt d'État, le gouvernement intéressé, soit directement, soit par l'entremise de ses banquiers, traite à un prix déterminé avec un groupe qui en assure la souscription dans le public ; dans ce groupe, chacun prend une part proportionnelle à ses forces, et verse un à-compte, entre les mains d'un établissement désigné pour la gestion du *syndical*. On fixe alors le taux d'émission, supérieur évidemment au prix donné au gouvernement étranger, la différence représentant les frais de publicité (ils sont proportionnels à la qualité de l'affaire, et toujours très élevés), les commissions à allouer aux intermédiaires et le bénéfice.

On annonce alors l'émission publique, et la date de clôture. Mais, dès ce moment, la valeur est cotée, bien entendu au-dessus du taux d'émission ; et dans la savante publicité qui est faite, on a grand soin de signaler que, déjà, le titre est demandé sur le marché avec une forte prime.

Le public se trouve tout naturellement incité à souscrire et il ne manque pas de le faire, en demandant presque toujours plus qu'il ne voudra conserver, parce qu'il suppose qu'il y aura une forte réduction des demandes.

S'il savait ce qui se passe, il hésiterait peut-être.

Il ignore que, s'il y a des acheteurs, il faut bien qu'il y ait aussi des vendeurs, car les cours cotés indiquent que des opérations ont été faites à ce prix ; or, les vendeurs sont des spéculateurs qui, s'étant assuré un certain nombre de titres sur lesquels ils encaisseront la commission d'intermédiaire, se hâtent de les revendre à un prix supérieur ; ils réalisent ainsi un bénéfice à peu près certain, et presque sans aléa. Les acheteurs, ils sont un, c'est le syndicat des émetteurs.

Et il opère ainsi pour tromper le public, par la cotation de cours, existants il est vrai, mais cependant fictifs, et les renseignés qui peuvent le faire ne manquent pas de profiter de l'aubaine.

Lorsque l'émission est close, et si elle a bien marché, on annonce une réduction, plus ou moins importante suivant les cas ; il arrive même souvent qu'on ne répartit aux souscripteurs que 70 ou 80 0/0 du nombre des titres émis, le syndicat conserve ainsi l'excédent, auquel s'ajoutent ceux qu'il a rachetés avant l'émission, dont la quotité maximum avait été fixée à l'avance.

Les souscripteurs qui avaient demandé un nombre de titres plus élevé que celui qu'ils désiraient conserver sont satisfaits ; d'autres, au contraire, alléchés par la prime qu'on continue à coter, donnent des ordres d'achats. Et le marché, officiel cette fois, indique des cours supérieurs à celui de l'émission. Enfin ceux qui n'ont pas souscrit le regrettent, et, grâce à la publicité qui se continue, s'empressent d'acheter eux aussi.

Si on ajoute à cela les conseils, intéressés, des maisons de banque donnés à leurs clients, on conçoit combien il est facile de placer, à des prix supérieurs à celui de l'émission, le stock que le syndicat a réservé.

A ce moment, il se dissout, et partage entre ses membres les bénéfices de l'opération. Et la cote n'enregistre plus les cours précédents, car personne n'ayant plus aucun intérêt à les maintenir, ils deviennent dépendants des offres et des demandes.

Quelquefois, il arrive que l'opération rencontre quelques difficultés, soit qu'un événement imprévu vienne en contrecarrer la marche, ou que le public soit plus rétif, mais un résultat identique est presque toujours obtenu. C'est simplement un peu plus long à réaliser.

D'ailleurs, les banques qui conservent ces titres en portefeuille n'en sont pas gênées pour cela, elles ont toutes facilités pour engager leurs clients à en acquérir.

La manière d'opérer reste la même si les titres offerts au public sont des obligations d'une société quelconque, et il faut des catastrophes comme celle qui s'est produite en juillet 1914 pour que les banques conservent en portefeuille des titres qu'elles avaient le désir de placer.

Lorsqu'il s'agit d'affaires nouvelles à constituer, la modalité de l'opération est assez différente, voici généralement comment elle se pratique.

La société se constitue régulièrement, et conformément à la loi, le capital est fait par un groupe d'intéressés plus ou moins important, et l'affaire commence à fonctionner. Elle est généralement bien administrée, et peut dès le début se faire connaître avantageusement ; suivant sa nature, elle donne dès la première année un dividende moyen, ou, n'ayant distribué que le seul intérêt normal, elle permet d'escompter un avenir brillant ; sans en citer aucune, on reconnaîtra facilement celles qui ont été lancées dans ces dernières années.

C'est à ce moment que la publicité entre en activité, rien ne se fait, en cette matière, sans cette condition.

Le titre est coté, et tout naturellement, sensiblement au-dessus du pair. Par les mêmes procédés que ceux que j'ai révélés plus haut, le public achète, et achète d'autant plus que le titre monte, c'est facilement exécutable puisque c'est le vendeur, unique, qui règle les cours, surtout pendant une certaine période.

De telle sorte que le rentier a acheté un titre, bon sans doute, mais l'a souvent payé à un prix supérieur à sa valeur réelle actuelle.

Je ne prétends pas dire que, par des artifices de comptabilité, les bénéfices annoncés, et par conséquent les dividendes distribués, soient majorés, cependant les fondateurs peuvent quelquefois manquer de prudence, et omettre dans les premiers exercices de faire des prévisions ou des amortissements qui seraient utiles, et dont la charge, d'autant plus lourde, grèvera les exercices futurs.

Les bilans publiés ne permettent pas toujours cet examen, ils interdisent le plus souvent une critique en ce sens, car l'acheteur est rarement en mesure de les étudier, et surtout d'apprécier exactement la composition des frais d'exploitation.

Je veux encore citer, pour mémoire, une autre forme de placement de titres.

Il existe des affaires dont les promoteurs, pour un motif quelconque, ne se servent pas de l'intermédiaire d'une banque ; ils offrent directement aux capitalistes ou aux rentiers les actions qu'ils désirent faire souscrire, pour la constitution régulière du capital ou les obligations qu'ils veulent placer.

Deux moyens sont employés par eux : l'envoi de circulaires aux personnes qu'ils croient susceptibles de s'y intéresser, la visite de courtiers spéciaux, dénommés démarcheurs.

En général, ces opérations s'effectuent très difficilement et presque toujours coûtent assez cher aux lanceurs.

En résumé, le grand public se trouve perdu dans les placements qui lui sont offerts, il suit l'impulsion donnée par les réclames, sous quelque forme que ce soit, et subit l'influence des courtiers qui savent le mieux parer la marchandise qu'ils offrent.

Comme conséquence, le bas de laine national se vide au profit de l'étranger ainsi que des intermédiaires, ou reste immobilisé dans les banques, où son emploi a été désastreux pour la France.

Il faut convenir qu'avec les méthodes actuelles, il est bien difficile qu'il en soit autrement ; il faut donc les modifier pour que nos capitaux servent l'intérêt français.

La chose n'est pas impossible, surtout après les dures leçons que nous avons reçues. Si je me suis étendu un peu longuement sur ce point, c'est afin de démontrer que nous avons été trompés, parce que, ignorants, nous étions à peu près forcés de l'être.

En mars 1900, j'adressais à quelques capitalistes la circulaire suivante :

NOTICE

sur la création d'un Omnium commercial et industriel.

Il est indéniable qu'il existe en France de nombreuses affaires commerciales et industrielles qui ne peuvent se développer par insuffisance de capitaux ; il en est de même de beaucoup d'inventions utiles et pratiques. Quelques-unes y parviennent néanmoins, mais c'est très souvent au seul profit de quelques personnages peu scrupuleux, et sans avantage appréciable pour l'inventeur ou le créateur ; il suffit, pour s'en convaincre, de consulter les agents de brevets qui sont à peu près forcés de subir les dits personnages.

D'autre part, la plus grande partie des capitalistes se limite aux acquisitions de fonds et de titres de chemins de fer, en raison de la difficulté, de l'impossibilité presque, de trouver des affaires sérieuses et de s'y intéresser en connaissance de cause. Les agences de ventes de fonds et les banques de quatrième ordre ont, pour ainsi dire, le monopole des opérations de cette nature, susceptibles de trouver accueil dans le public, mais elles manquent, en général, du scrupule de ne présenter que des affaires sérieuses et bien étudiées, la commission étant leur unique souci.

Il est évident que je ne parle ici que des affaires n'exigeant qu'un capital modeste et qui, en raison de cela, ne peuvent intéresser les grandes banques.

Or, j'estime qu'il est possible, facile même, d'établir un trait d'union entre ces deux catégories de personnes, et à leur avantage respectif.

L'étude prolongée et approfondie de cette question m'a amené à présenter la solution suivante :

Constituer à un capital de début X une société anonyme (sous une dénomination comme Omnium commercial et industriel), administrée par un conseil composé de membres compétents dans les différentes branches du commerce et de l'industrie, et employer ce capital à acquérir ou commanditer les commerces, industries et inventions susceptibles de donner des profits, émettre des obligations, au besoin, pour compléter ses ressources.

Comme grandes lignes de cette organisation, je prévois:

1° Étude des affaires par un administrateur spécialement délégué, avec le concours, s'il y a lieu, de tout personnel compétent, à charge d'en faire un rapport au conseil, lequel statue en dernier ressort, et à la majorité des deux tiers des voix, au moins ;

2° Réalisation et mise en exploitation des affaires acceptées, mais sans que, sauf certains cas à déterminer, elles soient payées en espèces ; les bénéfices devant être répartis, suivant une proportion à établir, entre l'inventeur ou le créateur, l'administrateur délégué à sa surveillance et l'Omnium ;

3° L'Omnium s'interdisant toute spéculation sur les titres des sociétés qu'il pourra constituer et conservant en portefeuille sa part entière jusqu'au jour où il désirera cesser de s'y intéresser ;

4° Les bénéfices de l'Omnium, constitués par l'ensemble de ceux réalisés par ses filiales, déduction faite des charges, naturellement assez faibles, seraient répartis ainsi :

Réserve légale..	5 %	à concurrence du 10e du capital
Réserve spéciale	10 %	— quart —
Intérêts aux actions........	4 %	

sur le surplus :

Au conseil et au personnel..............	15 %
Aux actions..........................	70 %
Aux parts de fondateur................	15 %

Pour arriver à la réalisation pratique de l'Omnium, je crois que la marche la plus simple et la plus rapide serait la suivante :

Constitution sous le même titre d'une société d'études à un capital très restreint, 10.000 francs par exemple, laquelle aurait pour mission d'étudier un certain nombre d'affaires, et, après sélection, d'en réserver une dizaine ; d'établir le capital nécessaire à leur exploitation et de constituer la société définitive. A celle-ci, il serait fait apport de ces études, moyennant le prix de débours, de manière à ce que la société provisoire retire l'intégralité de son capital ; de plus, elle recevrait des parts de fondateur donnant droit à 15 0/0 des bénéfices nets de la société définitive.

L'idée fut trouvée excellente, mais ne put être mise en pratique ; l'heure n'était pas venue.

Je crois qu'elle a sonné aujourd'hui.

Il est possible, avec ou sans société d'études préalable, de réunir un nombre d'affaires sérieuses, bien étudiées, nouvelles ou déjà existantes, bien administrées séparément, afin de leur donner tout le développement nécessaire ; de fondre tous ces intérêts dans un capital unique.

Les actionnaires de cette société se trouveront ainsi participer à tous les résultats qu'elle sera susceptible de donner, avec cet avantage important que si l'une des affaires ne réalise pas les espoirs qu'on avait pu concevoir, les autres viendront compenser utilement la perte subie par celle-ci.

Les obligations qui seront émises seront appréciées pour la même raison ; la large garantie du capital de l'Omnium, par conséquent de tout l'actif des maisons qu'il représente, formera un gage considérable ; l'intérêt au taux commercial qui sera servi assurera un rendement rémunérateur.

Ce qui importe, dans une combinaison de cette nature, c'est d'abord la séparation absolue de toutes les filiales, chacune devant conserver son autonomie, et au besoin posséder une raison sociale personnelle ; elle doit être administrée, si c'est une industrie à développer, avec le concours des précédents patrons, ceux-ci recevant, en dehors de leurs appointements propres, une part des bénéfices.

Dans une affaire nouvelle, la direction devra en être assurée par une personne de compétence étendue, assistée de collaborateurs sagement choisis.

Le conseil d'administration de l'Omnium sera composé de telle façon, que chacun des administrateurs ait la surveillance effective d'une des branches, et qu'il lui soit adjoint à cet effet un homme de confiance ayant pour mission expresse de suivre le fonctionnement des opérations, et leur résultat mensuel, ce dont le conseil prendra connaissance périodiquement.

Le point essentiel, c'est la bonne administration, aucune affaire ne peut se développer sans cela ; on doit pouvoir suivre constamment le chiffre des ventes, les prix de revient industriels, la nature et le total des frais généraux.

Si les résultats ne sont pas satisfaisants, il faut en connaître exactement la cause, et y porter remède, si c'est possible ; si cela ne l'est pas, on ne devra pas craindre de supprimer une affaire qui ne peut pas donner de bénéfices.

Tout réside donc dans cette administration qui ne doit pas être tatillonne, ni hors de proportion avec l'importance de l'affaire, mais être suffisante pour permettre de connaître exactement tout ce qui s'y passe, et comment ; c'est du ressort d'une bonne et solide organisation comptable.

Cette combinaison présente un champ d'action considérable et presque sans limites ; de nombreuses sociétés pourront se créer sur ce modèle, elles prospéreront si elles savent s'imposer les règles ci-dessus, et aussi, considérant que la quantité des affaires à créer et à développer sera immense, elles ne cherchent pas à se nuire mutuellement.

A côté de ces affaires, en quelque sorte syndiquées ou mieux centralisées, il y a place pour celles qui, étant très importantes, pourront préférer rester individuelles.

Pour trouver les capitaux indispensables, tant à leur création qu'au développement qu'elles nécessiteront, il y aura lieu de faire appel au public ; je crois que la constitution, à cet effet, d'une banque spéciale s'imposerait.

Sans doute, le nombre des banques d'affaires est assez grand pour qu'on puisse avoir recours à leurs bons offices ; cependant, on sait, ou ne sait pas, qu'elles les font payer fort cher, et que les relations avec elles ne sont pas toujours de nature à les désirer.

La banque centrale, dont j'ai étudié le rôle dans le chapitre précédent, qu'on pourrait dénommer Banque centrale des intérêts corporatifs, parait tout indiquée pour procéder à la création, non d'une filiale, mais d'une banque sœur, la Banque centrale des intérêts commerciaux et industriels ; son rôle serait de constituer des sociétés exclusivement françaises, de conserver en portefeuille un certain nombre d'actions, et faire appel au public pour le reste.

En présentant des affaires sérieuses, bien étudiées, sans majoration, il est hors de doute que la réussite serait certaine, surtout si cette banque comportait dans son sein des hommes dont la valeur morale et la supériorité industrielle et commerciale soient connues.

Une autre combinaison est encore possible.

Constituer un groupement, rigoureusement fermé, et dans lequel ne peuvent être admises que des personnes dont l'honorabilité est insoupçonnable. Ou encore, un groupement financier dont chacun pourrait faire partie en qualité d'actionnaire, mais seulement dans une proportion fixée par les statuts ; ce groupement ayant pour objet l'étude et la préparation de toutes les affaires intéressantes, leur création et leur administration par ses propres constituants.

Et réserver exclusivement aux seuls membres de ces groupes la souscription, dans la proportion qu'il leur convient, du capital des affaires créées.

La première modalité est la copie de ce qui constitue, en Angleterre, les assurances connues sous le nom de Lloyd.

La deuxième a été mise en pratique par une banque spéciale, dont la création est assez récente.

Quel que soit le genre adopté, et pour me résumer sur cette question, il importe essentiellement que les capitaux français :

1° Cessent d'être exportés à l'étranger et sans cause industrielle nationale, pour être employés en prêts à des États quelconques ;

2° Ne demeurent plus à peu près improductifs, dans les banques, les coffres-forts ou même à la caisse d'épargne, tout au moins ceux dont il peut être fait emploi définitif ;

3° Servent à alimenter et à développer l'industrie nationale, en favorisant l'exportation.

Il appartient à ceux qui sont placés utilement de prendre la tête du mouvement, aux autres de les suivre.

CHAPITRE XI

L'UNION FRANÇAISE

J'ai considérablement insisté dans les chapitres précédents sur la nécessité des groupements, et cela pour deux raisons primordiales.

La première, c'est qu'il est presque impossible de réaliser un progrès lorsqu'on est isolé ; c'est l'impuissance, aussi bien pour une nation que pour l'individu ; en 1870, la France était seule à combattre, elle a été écrasée ; en 1914, grâce à notre diplomatie, nous étions trois, puis quatre, puis davantage encore, et c'est en raison de notre groupement intime avec nos alliés que les hésitants viendront s'y joindre.

Il en est de même au point de vue industriel et commercial, c'est par la réunion de toutes ses forces économiques que l'Allemagne a acquis une supériorité incontestable ; c'est par ce même moyen que nous pouvons espérer nous substituer à elle.

La deuxième raison est que, malgré de nombreuses bonnes volontés, beaucoup de tentatives restent vaines, et que d'excellentes vues ne peuvent aboutir, par leur défaut de coordination.

Qu'il existe un point de liaison entre elles, et tout changera ; les idées du même ordre pourront se pénétrer et se compléter, il sera alors facile d'obtenir une précision nette là où il n'existait que des éléments épars.

Les Chambres de commerce, les Chambres syndicales même, malgré leur manque de cohésion, en sont une preuve vivante ; elles constituent un centre de renseignements et forment un groupe directeur susceptible d'obtenir, et même d'imposer ce qu'il demande alors que leurs membres isolés ne le pourraient pas personnellement s'ils ne représentaient une réunion d'intérêts communs.

On en a vu aussi de nombreux exemples dans les revendications ouvrières ; les pouvoirs publics n'ont, à tort ou à raison, écouté les doléances de leur porte-parole que parce qu'ils savaient que, derrière eux, la masse des travailleurs les suivaient docilement.

Il est donc d'une nécessité absolue de se grouper très intimement, aussi bien pour la défense des intérêts individuels que pour imposer aux pouvoirs publics les lois et les sanctions dont la nécessité économique sera démontrée.

Un des exemples les plus frappants des résultats considérables obtenus par un groupement rationnel est celui qui nous est donné par le Touring Club de France ; après vingt-cinq ans d'existence, cette société a réuni plus de 130.000 membres, tant en France qu'aux colonies et à l'étranger, et cela simplement en vue de l'intérêt qu'ils portent au tourisme, et en raison des avantages qu'ils peuvent recueillir de leur adhésion.

Elle possède, en dehors d'un fonds de réserve très important, un disponible de près de 600.000 francs, elle alimente de nombreuses œuvres utilitaires relatives au tourisme ; enfin, grâce à son organisation, conséquence naturelle de la situation qu'elle a acquise, elle a pu réunir la somme formidable de près de 7 millions, pour envoyer à nos soldats, non seulement des vêtements et des provisions de bouche, mais encore de nombreux objets servant à les distraire.

Et cela grâce à une modique cotisation annuelle de 5 francs par sociétaire.

Voilà certes un modèle à imiter.

Pourquoi ce qui a été possible en matière de tourisme ne le serait-il pas pour le plus grand avantage des intérêts économiques.

L'idée n'est certainement pas nouvelle, mais, quoiqu'elle ait germé dans de nombreux cerveaux, et depuis fort longtemps, elle n'avait pas été réalisée, et cela précisément parce qu'il avait manqué d'hommes ayant pu le faire.

La guerre de 1914, qui a modifié beaucoup de mentalités, aura eu pour conséquence d'obtenir ce résultat.

Sur l'initiative de M. David-Mennet, le très distingué président de la Chambre de commerce de Paris, s'est constituée l'*Association nationale d'expansion économique.*

A son appel, ont répondu unanimement tous les groupements et les personnalités susceptibles d'apporter à cette Association les forces économiques de la France ; derrière cet état-major économique, viendront se masser tous ceux qui doivent participer à l'essor qu'il prendra, et au développement qu'il saura donner à notre industrie nationale pour le bien de tous.

Cette puissance formidable, qui égalera rapidement celle qu'a acquise dans un autre but le Touring Club, et, il faut le croire et l'espérer, la dépassera, permettra d'imposer ses volontés économiques là où il sera nécessaire.

Voici un résumé de ses statuts :

Étudier et mettre en œuvre tout ce qui peut contribuer à l'expansion économique de la France sur les marchés du monde.

Elle est un organe d'enquête et d'action qui groupe, sans qu'il soit porté atteinte à leur autonomie, les associations et les personnes appartenant au commerce, à l'industrie et à l'agriculture, ou s'y intéressant en vue d'unir leurs efforts et de coordonner leurs travaux.

Elle recueille leurs avis et leurs propositions, les étudie au même titre que ceux émanant de sa propre initiative, et en poursuit la réalisation auprès du Gouvernement, du Parlement et des administrations publiques ou privées.

Elle assure l'action commune dans le sens de l'intérêt national.

A cet effet, d'une part elle procède par enquêtes, soit en France, soit à l'étranger, d'autre part, elle favorise, soit directement, soit par voie d'encouragement, la création de toutes institutions, organisations ou ententes tendant à faciliter la création, le transport et la vente des produits français.

Elle provoque ou seconde la constitution de nouvelles industries en France et l'ouverture de nouveaux débouchés à l'étranger.

Elle appuie de son autorité les commerçants français à l'étranger.

Enfin, elle s'efforce de concilier le développement des grandes entreprises industrielles, commerciales et agricoles avec le maintien de la moyenne et petite industrie, du moyen et petit commerce, des métiers des artisans, et de la petite propriété rurale, qui constituent un élément essentiel de l'économie nationale.

Certes, ce programme est vaste, tant par ce qu'il expose que par ce qui n'y est pas indiqué ; l'important Conseil d'administration, composé de 80 personnes appartenant aux diverses Chambres de commerce et Chambres syndicales de France et aux principaux groupements industriels, donne toutes garanties pour son exécution.

Il faut bien envisager la terminaison de la guerre actuelle, on doit dès maintenant se préoccuper des conditions économiques sur lesquelles seront basés les traités de paix qui forcément interviendront, et, notre foi est grande sur ce point, nous nous trouverons alors dans une situation toute différente de celle qui nous a obligés à subir, en 1871, le traité de Francfort, aujourd'hui déchiré.

C'est là la première grande étude qu'a abordée le Conseil de l'Association nationale d'expansion économique ; le travail préparatoire auquel il se livre facilitera considérablement l'œuvre des diplomates ; ils devront utiliser les indications qu'il leur fournira.

Mais pour rendre utiles et avantageuses les clauses que nous devrons imposer, il importe absolument que nous soyons en mesure de réaliser tous nos desiderata ; rien ne doit être laissé dans l'oubli, ni à l'abandon ; il n'y a pas de question, si peu importante qu'elle paraisse à première vue, qui ne soit susceptible d'être examinée.

Pour cela, je crois qu'il serait de grande utilité que le Conseil d'administration constituât une commission spéciale pour étudier chacune d'elles.

Sur un programme parfaitement défini, ces commissions s'entoureraient de tous les renseignements utiles, recueilleraient tous les avis, aussi bien émanant directement de l'initiative privée que ceux qu'elles jugeraient nécessaire de solliciter des groupements compétents ; elles obtiendraient ainsi une centralisation rationnelle et complète de toutes les idées sur un point spécial.

De plus, tous les efforts individuels, et ils sont nombreux, ne risqueraient pas de demeurer infructueux, car ceux qui sont susceptibles, d'une manière quelconque, de les tenter y seraient encouragés, même sollicités de le faire, une sanction utile devant être donnée à leur travail.

C'est ainsi que ligues et congrès pourraient d'autant mieux donner un libre essor à leurs discussions, les vœux qu'ils émettraient devant cesser de rester lettre morte.

Il n'y a pour ainsi dire pas de limites au développement d'un tel groupement ; son utilité est incontestable, et les services qu'il peut rendre à la nation française sont immenses.

Sa réussite n'est pas douteuse, et on peut faire largement crédit au groupe qui l'a constitué, l'ensemble de ses membres formant l'élite du commerce et de l'industrie française.

Il est du devoir de tous ceux qui sont intéressés au développement économique de la France, c'est-à-dire de la presque universalité de ses habitants, de suivre le mouvement, et par la force du nombre de réaliser enfin l'Union française.

CHAPITRE XII

CONCLUSION

Après l'étude séparée de chacun des points sur lesquels une réforme s'impose, il ne reste qu'à synthétiser cet ensemble ; ce sera l'objet de ce dernier chapitre.

Notre faiblesse a été rendue possible par la diminution progressive de l'exportation depuis près d'un demi-siècle ; conséquence de causes diverses, elle a contribué à la diminution de la richesse nationale ; bien que celle-ci soit encore considérable, nous devons penser toujours à l'accroître encore, l'individu, comme la nation, doit viser à s'enrichir, il ne peut le faire qu'autant qu'il utilisera ses forces matérielles ou morales, et les transformera en espèces.

Le développement de l'exportation étant le but essentiel à atteindre, les voies et les moyens nécessaires pour y parvenir doivent faire l'objet de toute notre vigilance.

Ils sont de deux espèces : les moyens moraux et les moyens pratiques.

Les moyens moraux sont de toute première nécessité, car ils sont l'essence même de la réalisation matérielle ; rien ne peut être obtenu pratiquement si toutes les réformes, toutes les améliorations qui seront tentées n'ont à la base une parfaite droiture et une rigidité de principes essentiellement moraux.

Chacun dans sa sphère a sa part de réalisation dans ce mouvement, Gouvernement, Parlement, rentiers, patrons et ouvriers.

Le Gouvernement doit justifier son titre, et être celui qui applique les lois existantes ; il doit surtout avoir une responsabilité réelle, et non théorique ; il se doit de donner l'exemple moral et de remplir ses fonctions sans autre souci que celui de respecter le mot d'égalité qui figure sur nos monuments.

Tous les Français sont soumis aux mêmes obligations, ils ont droit aux mêmes avantages, quelles que soient leurs opinions religieuses ou la contrée qu'ils habitent.

Les formidables dépenses qui sont la conséquence de la guerre actuelle vont grever considérablement nos budgets pendant longtemps ; il va être nécessaire de rembourser les emprunts, d'en payer les intérêts, de régler les pensions militaires et d'indemniser les habitants des pays envahis ; il faudra pour le Parlement, dont c'est le principal rôle, chercher et trouver les ressources correspondantes. Grosse et difficile tâche pour laquelle de grands efforts seront nécessaires. Il ne lui suffira pas de voter des impôts, ceux existants sont suffisamment élevés pour qu'on ne les augmente pas démesurément ; le Parlement, la Commission du budget, en particulier, devront rechercher inlassablement les économies qu'il sera possible de réaliser, et il n'est pas douteux qu'ils y parviennent, s'ils veulent bien s'en donner la peine.

Et par économies, il ne faut pas entendre suppression de dépenses ; celles qui s'imposent absolument seront obtenues par une meilleure répartition du travail *utile* des nombreuses administrations de l'État, on ne devra pas craindre de porter le fer rouge dans l'organisation bureaucratique, dont la guerre nous a révélé une fois de plus la dangereuse complication.

Tous les chapitres budgétaires devront être soigneusement examinés et réduits chaque fois qu'il y aura lieu ; il faut que les dépenses utiles soient effectuées, mais le gaspillage doit disparaître d'une manière absolue.

Le Parlement devra également examiner, discuter, et surtout voter, de préférence aux autres, les lois économiques ; nombreuses sont celles qui ont été présentées, mais demeurent en attente à la Chambre ou au Sénat ; sous l'impulsion des organismes compétents, elles pourront d'autant mieux le faire que toutes les indications utiles seront fournies par ceux qui sont qualifiés pour en demander la réalisation.

Et c'est surtout dans ces questions économiques que l'Union sacrée devra être conservée, avec le secret espoir qu'elle puisse rester indéfiniment maintenue.

Il est un devoir social, d'un ordre un peu particulier, qui intéresse très fortement toutes les familles : c'est d'assurer le développement de la natalité ; les statistiques publiées à ce sujet sont vraiment navrantes ; pour 1.000 habitants, le pourcentage des naissances a subi la décroissance suivante :

1874-1876	26,1
1889-1892	22,5
1902-1904	21,2
1911-1915	18,2

c'est là une des causes les plus certaines de notre

déchéance ; tout a été dit, un peu partout, sur ce point, je ne le cite que pour mémoire, tout en soulignant son énorme importance.

Les rentiers et capitalistes, qui, pour une raison quelconque, ne peuvent s'employer matériellement au travail national, ont le devoir impérieux de participer néanmoins à son développement. Sans désirer qu'ils s'abstiennent absolument d'employer les capitaux dont ils disposent à la souscription d'emprunts d'État ou à l'acquisition de valeurs similaires, ils doivent en réserver une part importante aux entreprises industrielles françaises.

Les patrons, chefs d'industrie ou de maison de commerce, ont un rôle moral considérable à remplir ; ils ne doivent, à aucun moment, oublier que ce sont les bons patrons qui font les bons ouvriers, et réciproquement. Quoique cela paraisse un cercle vicieux, il n'en est rien, car il est de toute nécessité que chacun y mette de la bonne volonté ; si tous deux doivent commencer, c'est certainement au patron de donner le premier l'exemple.

Il le doit d'autant mieux qu'il est généralement plus instruit ; son éducation un peu plus raffinée lui facilite la forme à donner à un conseil, un encouragement, ou même un reproche ; plus fortuné, il peut, et doit, être bienfaisant auprès des méritants, il se doit surtout d'être rigoureusement équitable et d'éviter toute injustice et tous reproches malencontreux ; sévère pour les autres il doit l'être davantage encore pour lui-même.

C'est en agissant ainsi qu'il développera ses affaires, conservera le personnel sérieux et éliminera les mauvais ouvriers ou employés ; et aussi, en donnant une large et intelligente extension à la participation aux bénéfices, il apportera le bien-être à ceux qu'il emploie, en même temps qu'il augmentera sa prospérité personnelle.

Tous les salariés ont un devoir identique à remplir ; quelles que soient leurs fonctions, ils doivent les remplir en toute conscience, et éviter tout gaspillage de temps ou de matières.

S'ils ont une requête à présenter ou une réclamation à faire, ils ne doivent pas ignorer qu'elle sera bien accueillie et sérieusement examinée si elle est présentée poliment et bien justifiée.

Ils ne connaissent pas tous les rouages d'une maison et surtout les difficultés nombreuses qu'un patron rencontre constamment, c'est pourquoi ils se font trop souvent une idée fausse de ce qu'ils voient, parce qu'ils ne voient pas tout ; il est indispensable qu'ils le comprennent et n'attribuent pas à un mauvais vouloir un refus qui leur est quelquefois forcément opposé.

Ils doivent savoir réfléchir, et aussi s'abstenir de mouvements violents qui, presque toujours, sont consécutifs à un état d'ébriété.

Enfin, et surtout, ils éviteront, pour leur plus grand bien, de se mettre à la remorque des grévículteurs, dont j'ai, dans les chapitres précédents, stigmatisé le rôle néfaste.

En agissant ainsi, ils auront, en bons ouvriers, fait de bons patrons, et ils recueilleront le bénéfice matériel de leur sagesse.

Enfin, et pour tous, la saine hygiène, la sobriété, la culture des sports appropriés aux goûts et aux facultés physiques de chacun, contribueront, dans une large part, à une rénovation morale ; en évitant les distractions malsaines, en luttant énergiquement contre les dangereux méfaits de l'alcoolisme, on rétablira les forces physiques qui sont absolument nécessaires à notre développement ; elles auront pour conséquence directe une recrudescence de la natalité, dont l'affaissement a été si néfaste.

Les conditions morales sont donc la base essentielle de notre vie dans l'avenir ; les améliorations matérielles qui s'imposent en seront la suite toute naturelle ; dans un corps sain, les idées saines naîtront comme par enchantement, se développeront, et recevront leur application rationnelle.

Nous devons absolument profiter des dures leçons qui nous ont été données par la guerre actuelle, c'est un devoir impérieux pour ceux qui resteront ; nous devons, tous, sans exception aucune, le remplir pour nous efforcer d'apporter un adoucissement à la douleur des familles en deuil, et honorer ainsi ceux qui ont fait le sacrifice de leur vie pour la grandeur de la Patrie.

TABLE DES MATIÈRES

TOURS. — IMPRIMERIE DESLIS FRÈRES ET Cie, RUE GAMBETTA, 6.

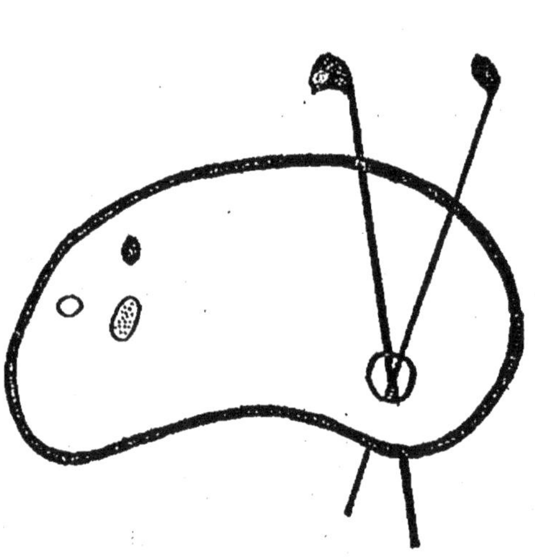

www.ingramcontent.com/pod-product-compliance
Ingram Content Group UK Ltd.
Pitfield, Milton Keynes, MK11 3LW, UK
UKHW020316250726
13967UKWH00004B/1753